PROPOSTAS CURRICULARES NA EDUCAÇÃO INFANTIL

Dados Internacionais de Catalogação na Publicação (CIP)

R696p Buchwitz, Tania Maria de Almeida.

Propostas curriculares na educação infantil / Tania Maria de Almeida Buchwitz. – São Paulo, SP : Cengage, 2016.

Inclui bibliografia e glossário.

ISBN 13: 978-85-221-2874-7

1. Educação infantil - Currículo. 2. Professores - Formação. 3. Projeto pedagógico. 4. Alfabetização. I. Título

CDU 372.4
CDD 372

Índice para catálogo sistemático:

1. Educação infantil : Currículo   372.4

(Bibliotecária responsável: Sabrina Leal Araujo – CRB 10/1507)

PROPOSTAS CURRICULARES NA EDUCAÇÃO INFANTIL

CENGAGE

Austrália • Brasil • México • Cingapura • Reino Unido • Estados Unidos

Propostas Curriculares na Educação Infantil

Autora:
Tania Maria de Almeida Buchwitz

Gerente editorial: Noelma Brocanelli

Editoras de desenvolvimento:
Gisela Carnicelli, Regina Plascak e Salete Guerra

Coordenadora e editora de aquisições:
Guacira Simonelli

Produção editorial:
Fernanda Troeira Zuchini

Copidesque: Sirlene M. Sales

Revisão: Renata Eanes Roma Hägele e Vânia Helena L.G. Corrêa

Diagramação e Capa:
Marcelo A. Ventura

Imagens usadas neste livro por ordem de páginas:
Rawpixel/Shutterstock; Ollyy/Shutterstock; SergiyN/Shutterstock; Poznyakov/Shutterstock; Lorelyn Medina /Shutterstock; dotshock/Shutterstock; Tiplyashina Evgeniya/Shutterstock; Monkey Business Images/Shutterstock; umnola/Shutterstock; Robert Kneschke/Shutterstock; Syda Productions/Shutterstock; bikeriderlondon/Shutterstock; Matej Kastelic/Shutterstock; Matej Kastelic/Shutterstock; Athos Boncompagni Illustratore/Shutterstock; Tyler Olson/Shutterstock; Monkey Business Images/Shutterstock; Poznyakov/Shutterstock; amelaxa/Shutterstock; ChiccoDodiFC/Shutterstock; DeepGreen/Shutterstock; Sunny studio/Shutterstock; Oksana Kuzmina/Shutterstock; Olesia Bilkei/Shutterstock; KPG Payless2/Shutterstock; KPG Shutterstock; Payless2/Shutterstock; Dejan Ristovski/Shutterstock; bikeriderlondon/Shutterstock; michaeljung/Shutterstock; 2xSamara.com/Shutterstock; Monkey Business Images/Shutterstock; Tatiana Bobkova/Shutterstock; Pressmaster/Shutterstock; Poznyakov/Shutterstock; michaeljung/Shutterstock; Goran Bogicevic/Shutterstock; Ingrid Balabanova/Shutterstock; Rashevskyi Viacheslav/Shutterstock; PathDoc/Shutterstock; Monkey Business Images/Shutterstock; wavebreakmedia/Shutterstock; wavebreakmedia/Shutterstock; wavebreakmedia/Shutterstock; wavebreakmedia/Shutterstock; Olesya Feketa/Shutterstock; wavebreakmedia/Shutterstock; michaeljung/Shutterstock

© 2016 Cengage Learning Edições Ltda.

Todos os direitos reservados. Nenhuma parte deste livro poderá ser reproduzida, sejam quais forem os meios empregados, sem a permissão por escrito da Editora. Aos infratores aplicam-se as sanções previstas nos artigos 102, 104, 106, 107 da Lei nº 9.610, de 19 de fevereiro de 1998.

Esta editora empenhou-se em contatar os responsáveis pelos direitos autorais de todas as imagens e de outros materiais utilizados neste livro. Se porventura for constatada a omissão involuntária na identificação de algum deles, dispomo-nos a efetuar, futuramente, os possíveis acertos.

Esta editora não se responsabiliza pelo funcionamento dos links contidos neste livro que possam estar suspensos.

Para permissão de uso de material desta obra, envie seu pedido para
direitosautorais@cengage.com

© 2016 Cengage Learning Edições Ltda.
Todos os direitos reservados.

ISBN 13: 978-85-221-2874-7
ISBN 10: 85-221-2874-X

Cengage Learning Edições Ltda.
Condomínio E-Business Park
Rua Werner Siemens, 111 - Prédio 11
Torre A - Conjunto 12
Lapa de Baixo - CEP 05069-900 - São Paulo - SP
Tel.: (11) 3665-9900   Fax: 3665-9901
SAC: 0800 11 19 39

Para suas soluções de curso e aprendizado, visite
www.cengage.com.br

Impresso no Brasil
Printed in Brazil

Apresentação

Com o objetivo de atender às expectativas dos estudantes e leitores que veem o estudo como fonte inesgotável de conhecimento, esta **Série Educação** traz um conteúdo didático eficaz e de qualidade, dentro de uma roupagem criativa e arrojada, direcionado aos anseios de quem busca informação e conhecimento com o dinamismo dos dias atuais.

Em cada título da série, é possível encontrar a abordagem de temas de forma abrangente, associada a uma leitura agradável e organizada, visando facilitar o aprendizado e a memorização de cada assunto. A linguagem dialógica aproxima o estudante dos temas explorados, promovendo a interação com os assuntos tratados.

As obras são estruturadas em quatro unidades, divididas em capítulos, e neles o leitor terá acesso a recursos de aprendizagem como os tópicos *Atenção*, que o alertará sobre a importância do assunto abordado, e o *Para saber mais*, com dicas interessantíssimas de leitura complementar e curiosidades incríveis, que aprofundarão os temas abordados, além de recursos ilustrativos, que permitirão a associação de cada ponto a ser estudado.

Esperamos que você encontre nesta série a materialização de um desejo: o alcance do conhecimento de maneira objetiva, agradável, didática e eficaz.

Boa leitura!

Prefácio

Cada indivíduo, ao iniciar o seu ciclo de vida, tem, como garantia, o direito à segurança, à saúde, ao afeto de sua família e ao suporte necessário para enfrentar as etapas seguintes do seu desenvolvimento.

Pensando na continuidade da cessão desses direitos é que as escolas e creches têm assimilado um novo conceito de ambiente educativo, visando estabelecer um padrão mínimo para as faixas de idade no que diz respeito às atividades, ao método de ensino, aos acessos. E essa preocupação é muito importante.

É dentro desse limite de concessões de direitos que o sujeito forma o seu caráter. No entanto, o profissional, e aqueles que estão ao redor desse indivíduo em formação, precisarão se cercar da preparação adequada, pois são os principais responsáveis pela evolução do indivíduo.

O objetivo do conteúdo de Propostas Curriculares na Educação Infantil é o de apresentar opções práticas para as rotinas pedagógicas, obedecendo cada ciclo a ser vivenciado pelo ser humano que se cultiva.

Na Unidade 1, a questão curricular é estudada em seus detalhes, desde a educação infantil à fundamental.

A Unidade 2 explora o perfil do professor da educação infantil, desde a sua formação até a sua atuação nos dias atuais.

Já na Unidade 3, os componentes curriculares são apresentados, como a instituição escolar, o ambiente de estudo e a linguagem utilizada nos níveis de educação.

Finalmente, na Unidade 4, temas importantes e conceituais sobre a alfabetização e a avaliação são explorados, fechando este relevante estudo sobre as propostas curriculares na educação infantil.

Desejamos a todos uma excelente leitura.

UNIDADE 1
CURRÍCULO DE EDUCAÇÃO INFANTIL

Capítulo 1 Introdução, 10

Glossário, 27

1. Introdução

O currículo de educação infantil tem sido motivo de muitos debates e polêmicas entre os educadores e demais profissionais da área. Por ser um assunto que deve incluir as diversas visões das crianças e das famílias, assim como as várias funções a serem desenvolvidas pelas creches e pré-escolas, os profissionais discordam quanto ao fato de a educação infantil se envolver com a questão de currículo, termo geralmente associado à ideia de disciplinas. A opinião de muitos desses profissionais é que o termo "currículo" está relacionado com a escolarização do ensino fundamental e médio. Portanto, dá-se preferência ao uso da expressão "Projeto Pedagógico" ao se referir à orientação da educação infantil, visto que há o temor de que, ao se importar o termo "currículo", com ele venha uma estrutura organizativa que tem sido alvo de muitas críticas hoje em dia.

> "O Currículo é uma opção cultural, o projeto que quer tornar-se cultura-conteúdo do sistema educativo para um nível escolar ou para uma escola de forma concreta. A análise desse projeto, sua representatividade, descobrir os valores que o orientam e as opções implícitas no mesmo, esclarecer o campo em que se desenvolve condicionado por múltiplos tipos de práticas etc. exige uma análise crítica que o pensamento pedagógico dominante tem evitado." (SACRISTAN, 2000, p. 34).

O que acontece, de fato, é que todos os níveis da educação básica estão revendo sua forma de trabalhar o processo ensino/aprendizagem e as abrangências dos currículos de cada modalidade. Com isso, vários setores que trabalham tanto o ensino fundamental, como o ensino médio, estão revendo suas diretrizes curriculares.

ATENÇÃO! Educação Básica: a partir da Lei de Diretrizes e Bases da Educação Nacional (LDBEN - Lei n. 9.394/96), passou a ser estruturada por etapas e modalidades de ensino, englobando a educação infantil, o ensino fundamental obrigatório de nove anos e o ensino médio.

Uma série de informações sobre as formas de organização do dia a dia das instituições de educação infantil têm sido acumuladas nos últimos 20 anos, de modo a estimular o desenvolvimento das crianças.

A integração das creches e pré-escolas no sistema da educação formal atribui à educação infantil o trabalho com o conceito de currículo, articulando-o com o de projeto pedagógico.

Projeto pedagógico é o plano de orientação das ações que serão desenvolvidas pela instituição. Pelo fato de desenvolver possibilidades e abonar aprendizagens consideradas valiosas em certo momento histórico, passa a ser uma ferramenta política. Deve ter como meta o desenvolvimento das crianças que nela serão cuidadas e educadas. Para alcançar a meta proposta, a instituição de educação infantil deve organizar seu currículo.

Nas DCNEIs (Diretrizes Curriculares Nacionais para a Educação Infantil), o projeto pedagógico é compreendido como:

> "... práticas educacionais organizadas em torno do conhecimento e em meio às relações sociais que se travam nos espaços institucionais, e que afetam a construção das identidades das crianças". (BRASIL, 2009, p.1)

Diante desse fato, o currículo de educação infantil deve procurar vincular as experiências e os conhecimentos das crianças com os saberes que fazem parte do patrimônio cultural, científico e tecnológico, por meio de técnicas projetadas e avaliadas permanentemente, de modo a organizar a rotina das instituições.

Com esta concepção de currículo, foge-se da ideia de que na educação infantil não é necessário o planejamento de atividades, bastando apenas administrar o calendário para a comemoração de datas especiais, sem que haja a necessidade de se trabalhar com as crianças pequenas (até cinco anos) o valor formativo e o sentido destes dias a serem comemorados.

Um currículo de educação infantil deve ser elaborado levando-se em conta todas as linguagens da criança.

Cabe ao professor conhecer as proporções do desenvolvimento do aluno, para estabelecer as experiências formativas.

Características do RCNEI (Referencial Curricular Nacional para a Educação Infantil)

O RCNEI (Referencial Curricular Nacional para a Educação Infantil) caracteriza-se como um conjunto de orientações pedagógicas que colaboram com a implantação e a prática de métodos educativos de qualidade, que visam a desenvolver e promover condições necessárias para o exercício da cidadania das crianças frequentadoras das instituições de educação infantil.

Sua principal função é colaborar com as políticas e programas de educação infantil, enfatizando informações, discussões e pesquisas, auxiliando o trabalho educativo de professores e demais profissionais da educação infantil e amparando os sistemas de ensino estaduais e municipais.

O RCNEI faz parte dos documentos dos PCNs (Parâmetros Curriculares Nacionais), preparado pelo Ministério da Educação, e configura-se como referência para creches, entidades equivalentes e pré-escolas, tendo como objetivo auxiliar os professores de educação infantil a concretizar um trabalho educacional com crianças pequenas, atendendo às determinações da LDBEN (Lei de Diretrizes e Bases da Educação Nacional n. 9.394/96), que, pela primeira vez na história do Brasil, instituiu a educação Infantil como a primeira etapa da educação básica.

A finalidade do RCNEI é sugerir caminhos que colaborem para que estas crianças desenvolvam suas identidades e sejam capazes de crescer como cidadãos, tendo seus direitos à infância reconhecidos. Além disso, serve para que as instituições de educação infantil possam concretizar um trabalho que ampliará os conhecimentos, tornando o ambiente escolar propício ao acesso da criança à sua realidade cultural e social, contribuindo para a socialização dos alunos dessa faixa **etária**.

Princípios do RCNEI:

a) respeito à dignidade e aos direitos das crianças, nas suas diferenças individuais;

b) direito das crianças a brincar, como forma particular de expressão;

c) acesso das crianças aos bens socioculturais, ampliando o desenvolvimento das capacidades relativas à expressão;

d) socialização das crianças através da participação e inclusão nas mais diversas práticas sociais; e

e) atendimento aos cuidados essenciais associados à sobrevivência e ao desenvolvimento de sua identidade.

O RCNEI foi constituído da seguinte forma:

- **Volume 1 – Introdução** – apresenta uma reflexão sobre creches e pré-escolas no Brasil, estabelecendo e baseando compreensões sobre a criança, a educação, a instituição e o profissional, determinando os objetivos gerais da educação infantil e orientando a organização dos documentos de linhas de trabalho, que foram agrupados em outros dois volumes relacionados aos seguintes âmbitos de experiência: formação pessoal e social e conhecimento de mundo.

- **Volume 2 – Formação Pessoal e Social** – constitui a linha de trabalho que beneficia os processos de construção da identidade e **autonomia** das crianças.

- **Volume 3 – Conhecimento de Mundo** – é composto por seis documentos referentes às linhas de trabalho orientadas para a constituição de diversas linguagens pelas crianças e as relações que estabelecem com os seguintes objetos de conhecimento: Movimento, Música, Artes Visuais, Linguagem Oral e Escrita, Natureza e Sociedade e Matemática.

PARA SABER MAIS! Os conteúdos dos volumes 1, 2 e 3 do Referencial Curricular Nacional para a Educação Infantil estão disponíveis na internet para quem quiser conhecê-los. Os materiais contêm conceitos de suma importância, elaborados com base em observações criteriosas, em âmbito nacional. Os tomos podem ser acessados pelos links: <http://portal.mec.gov.br/seb/arquivos/pdf/rcnei_vol1.pdf> (volume 1); <http://portal.mec.gov.br/seb/arquivos/pdf/volume2.pdf> (volume 2); e <http://portal.mec.gov.br/seb/arquivos/pdf/volume3.pdf>. Vale a pena conferir.

O RCNEI foi organizado de maneira didática, necessitando que os professores concordem, em sua prática educativa, que a construção de conhecimentos acontece de modo integrado e global e que existem inter-relações entre as várias linhas de trabalho recomendadas. Sob esse ponto de vista, o RCNEI é um guia de orientação que serve de base para as discussões entre profissionais de um mesmo sistema de ensino, no caso educação infantil, ou, ainda, no interior das instituições, para elaboração de projetos educativos singulares e diversos.

Segundo o RCNEI, os objetivos gerais da educação infantil são:

1. desenvolver uma imagem positiva de si;

2. descobrir e conhecer, progressivamente, seu próprio corpo;

3. estabelecer vínculos afetivos entre adultos e crianças;

4. estabelecer e ampliar as relações sociais;

5. observar e explorar o ambiente com atitudes de curiosidade;

6. brincar, expressando emoções, sentimentos, pensamentos, desejos e necessidades;

7. utilizar as diferentes linguagens (corporal, musical, plástica, oral e escrita) ajustadas às diferentes intenções e situações de comunicação; e

8. conhecer manifestações culturais, demonstrando atitudes de interesse, respeito e participação diante delas e valorizando a diversidade.

O RCNEI é um documento aberto, com **flexibilidade** e sem obrigação de implantação. A sua intenção é atender aos sistemas educacionais e auxiliá-los na elaboração de currículos de acordo com suas realidades.

Nessa perspectiva, o uso do RCNEI só fará sentido se for aplicado conforme a vontade dos autores responsáveis pela educação das crianças, sejam eles os pais, os professores, os técnicos e os funcionários, responsáveis também por agrupá-los no projeto educativo da instituição de educação infantil.

De acordo com o descrito no RCNEI (Referencial Curricular Nacional da Educação Infantil/1998):

> "As particularidades de cada proposta curricular devem estar vinculadas principalmente às características socioculturais da comunidade na qual a instituição de educação infantil está inserida e às necessidades e expectativas da população atendida. Conhecer bem essa população permite compreender suas reais condições de vida, possibilitando eleger os temas mais relevantes para o processo educativo de modo a atender a diversidade existente em cada grupo social." (BRASIL, RCNEI, 1998).

A criação do RCNEI não teve a ambição de resolver os complicados problemas da primeira etapa educacional, mas sim, buscar a qualidade do atendimento envolvendo questões extensas ligadas às políticas públicas, decisões de ordem orçamentária, implantação de políticas de recursos humanos, estabelecimento de padrões de atendimento que garantam espaço físico adequado, materiais em quantidade e qualidade suficientes e à adoção de propostas educacionais compatíveis com a faixa etária nas diferentes modalidades de atendimento, para as quais foi criado o Referencial.

Creches e Pré-escolas na Proposta Curricular da Educação Infantil

A Constituição Federal de 1988 – CF/88, em seu artigo 208, inciso IV, determina que:

> "O dever do Estado com a educação será efetivado mediante a garantia de: IV - educação infantil, em creche e pré-escola, às crianças até 5 (cinco) anos de idade." (Redação dada pela Emenda Constitucional n. 53, de 2006).

Consequentemente, com a inclusão das creches e pré-escolas no sistema de ensino, formando a educação básica com o ensino fundamental e o ensino médio, aconteceram vários avanços na área de educação infantil. Ademais, a partir da LDBEN foi definido que as creches seriam destinadas a crianças de 0 a 3 anos de idade e as pré-escolas a crianças de 4 a 5 anos de idade.

Anteriormente, a creche caracterizava-se pelo funcionamento em horário integral, sendo subordinada e mantida por órgãos assistencialistas. Já a pré-escola deveria funcionar por meio período e subordinava-se a órgãos vinculados ao sistema educacional. Hoje em dia essa divisão deve ser feita por faixa etária.

A ascensão do nível de *formação dos educadores* de educação infantil também representou um grande avanço na área, ainda que haja a imposição entre as etapas de ensino (Infantil/Fundamental/Médio). O educador das creches e pré-escolas necessita que a atuação pedagógica seja trabalhada dentro das etapas, sem haver a imposição de uma à outra. Por outro lado, as instituições de educação infantil (creches e pré-escolas) precisavam não apenas conhecer, mas também considerar as mudanças ocorridas na sociedade, tais como os novos contornos culturais, sociais e sócios econômicos, tomando conhecimento que estas mudanças comprometeriam o desenvolvimento das crianças e levando em conta que cada criança possui o próprio ritmo para passar por quaisquer mudanças.

As instituições de ensino de 0 a 5 anos precisam estar cientes de seu desempenho como formadoras de seres humanos. Para isso, torna-se indispensável que haja um resgate ético, com a garantia de uma aprendizagem continuada, ampliação do relacionamento com as famílias, criação de espaços de participação no dia a dia escolar e geração de um ambiente mais acolhedor que favoreça o desenvolvimento intelectual e emocional das crianças.

As DCNEIs (Diretrizes Curriculares Nacionais da Educação Infantil) aprovadas pelo Conselho Nacional de Educação em 2009 (Parecer CNE/CEB n. 20/09 e Resolução CNE/CEB n. 05/09) representam uma preciosa oportunidade para que se pense em que direção, a partir de quais parâmetros e como se deve trabalhar o processo ensino-aprendizagem nas creches e pré-escolas.

Estas novas DCNEIs foram elaboradas a partir de extensas discussões entre movimentos sociais, pesquisadores, professores universitários, educadores, gestores etc., que apresentaram suas inquietações em relação à educação infantil, destacando que seria necessário que houvesse uma estruturação e organização de ações educativas. Lançaram a necessidade de estruturar e organizar ações educativas conceituadas, que visem a valorizar o papel dos educadores junto às crianças de 0 a 5 anos, provocados a elaborar propostas pedagógicas que, no dia a dia das creches e pré-escolas, possam dar voz aos educandos.

> "Artigo 4º - As propostas pedagógicas da educação infantil deverão considerar que a criança, centro do planejamento curricular, é sujeito histórico e de direitos que, nas interações, relações e práticas cotidianas que vivencia, constrói sua identidade pessoal e coletiva, brinca, imagina, fantasia, deseja, aprende, observa, experimenta, narra, questiona e constrói sentido sobre a natureza e a sociedade, produzindo cultura." (BRASIL, Resolução n. 05, de 17 de dezembro de 2009).

Discorrer sobre as DCNEIs e aproximá-las das propostas pedagógicas pode auxiliar cada professor a criar, ao lado de seus pares nas unidades de educação infantil, um espaço de desenvolvimento e aprimoramento humano que atende não somente às crianças, mas também às suas famílias e à equipe de educadores.

O Parecer CNE/CEB n. 20/09 e a Resolução CNE/CEB n. 05/09, que definem as DCNEIs, fazem, antes de tudo, uma clara explicação da identidade das escolas de educação infantil (creches e pré-escolas) como qualidade imperativa para que se estabeleçam propostas curriculares em relação a vários aspectos envolvidos em uma proposta pedagógica. Estes aspectos devem oferecer:

a) estrutura legal e institucional de educação infantil;

b) número mínimo de horas de funcionamento (sempre diurno);

c) formação condizente dos profissionais que cuidam e educam as crianças;

d) oferta de vagas próximas à residência das crianças;

e) acompanhamento do trabalho pelo órgão de supervisão do sistema;

f) idade de corte para efetivação da matrícula; e

g) número mínimo de horas diárias do atendimento.

O Parecer CNE/CEB n. 20/09 definiu ainda que nem toda política para a infância, que demanda esforços multissetoriais associados, é uma política de educação infantil. Portanto, outras medidas de proteção à infância devem ser procuradas fora do sistema de ensino, sempre que necessário.

As DCNEIs determinam, ainda, que deve haver consideração na função pedagógica e sociopolítica das instituições de educação infantil. São pontos que conjecturam grandes discussões quanto à questão pedagógica e apontam o rumo desejado para o trabalho a ser feito com as crianças atendidas nas creches e pré-escolas.

Tal questão pedagógica é abordada levando-se em conta que a educação infantil faz parte da Educação Básica.

> "Art. 22 – A educação básica tem por finalidades desenvolver o educando, assegurar-lhe a formação comum indispensável para o exercício da cidadania e fornecer-lhe meios para progredir no trabalho e em estudos posteriores."
> (BRASIL, Lei n. 9.394/96)

De acordo com essa interpretação, a forma como as crianças das creches e pré-escolas visualizam o mundo, estabelecem conhecimentos, expressam-se, interagem e manifestam anseios e curiosidades de modos característicos servem de referência e fonte de deliberações em relação aos fins educacionais, gestão das unidades, métodos de trabalho e relações com as famílias.

O brincar e a arte são formas fundamentais de aprendizagem, envolvimento afetivo e interação humana.

As seguintes tendências devem prevalecer nos currículos para a educação infantil:

a) **Áreas de desenvolvimento**: modelo curricular determinado a partir dos campos de observação da psicologia do desenvolvimento. Devem oferecer, de modo progressivo, atividades ligadas às áreas de desenvolvimento (motora, afetiva, social e cognitiva), para a possibilidade de desenvolvimento de competências e habilidades.

b) **Calendário de eventos**: organização curricular definida pelo calendário religioso, civil e/ou comercial. São as datas especiais que preencherão as propostas de atividades a serem comemoradas.

c) **Rotinas padronizadas**: visa a controlar a disciplina e ensinar as crianças a obedecer. Por outro lado, se não for bem aplicada, torna-se um currículo para a submissão, para o disciplinamento dos corpos, das mentes e das emoções.

d) **Linguagens**: as artes visuais são as mais ressaltadas, seguidas das linguagens do corpo e do movimento, da música, da literatura, da linguagem oral, do letramento, da natureza e da sociedade.

Nas instituições de educação infantil, as situações de convivência demandam a organização de vários aspectos, tais como:

- a maneira como o educador desempenhará seu papel, organizando o ambiente, ouvindo e atendendo às crianças, oferecendo-lhes materiais, sugestões e apoio emocional, promovendo condições para interações e brincadeiras criadas pelas próprias crianças etc.

- Tempo de realização das atividades (duração, frequência, ocasião etc.).
- Espaços em que ocorrerão as atividades (sala de aula, pátio, quadra, parques etc.).

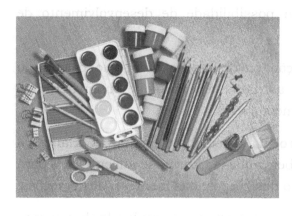

- Materiais disponíveis a serem usados.

As DCNEIs (Diretrizes Curriculares Nacionais para a Educação Infantil) defendem que as instituições de educação infantil devem focar nas informações que melhor despertem o interesse das crianças para, então, de modo transformador, estabelecer os saberes e conhecimentos que serão aperfeiçoados, a partir dos aprendizados vividos pelas crianças e desenvolvidos nas creches e/ou pré-escolas.

Para Vygotsky (1990):

> "... quanto mais ver, ouvir e experimentar, quanto mais aprender e se apropriar, quanto mais elementos reais dispuserem em sua experiência, tão mais considerável e produtiva será, na igualdade das demais circunstâncias, sua atividade imaginativa." (VYGOTSKY, 1990, p.18)

PARA SABER MAIS! Lev Semenovich Vygotsky (1896-1934) fez seus estudos na Universidade de Moscou para tornar-se professor de literatura. O objetivo de suas pesquisas iniciais foi a criação artística. Foi só a partir de 1924 que sua carreira mudou drasticamente, passando Vygotsky a se dedicar à psicologia evolutiva, educação e psicopatologia. A partir daí, ele se concentrou nessas áreas e produziu obras em ritmo intenso até a sua morte prematura em 1934, de tuberculose. Devido a vários fatores, inclusive à tensão política entre os Estados Unidos e a União Soviética após a última guerra, o trabalho de Vygotsky permaneceu desconhecido de grande parte do mundo ocidental durante décadas. Quando a Guerra Fria acabou, este incrível patrimônio de conhecimento deixado por Vygotsky começou a ser revelado. O nome de Vygotsky hoje dificilmente deixa de aparecer em qualquer discussão séria sobre processos de aprendizado.

As crianças aprendem por meio de ações expressivas e atividades características. Assim, cuidar do desenvolvimento humano na infância demanda atenção às possibilidades de atividades relacionadas ao brincar e às interações proporcionadas à criança, para que ela decifre e dê sentido ao mundo, adequando-se e contribuindo para enriquecer a sua cultura.

Assim como todas as outras instituições educacionais, as instituições de educação infantil precisam colaborar na construção de uma sociedade justa, livre, solidária e preservadora do meio ambiente, que trabalhe para diminuir as desigualdades sociais e regionais e promova o bem de todos.

> "Art. 3º – Constituem objetivos fundamentais da República Federativa do Brasil: I – construir uma sociedade livre, justa e solidária; II – garantir o desenvolvimento nacional; III – erradicar a pobreza e a marginalização e reduzir as desigualdades sociais e regionais; IV – promover o bem de todos, sem preconceitos de origem, raça, sexo, cor, idade e quaisquer outras formas de discriminação." (BRASIL, CF/88)

Porém, esses são compromissos que enfrentam vários desafios em todas as etapas de ensino, como a disparidade de acesso às creches e pré-escolas, a desigualdade entre crianças brancas e de outras etnias, a distinção entre ricas e pobres e até mesmo a diferenciação entre as nascidas nas regiões norte/nordeste. Pesam, ainda, a qualidade da educação proporcionada em determinadas creches e pré-escolas que impede até que as crianças tenham seus direitos constitucionais garantidos. Com isso, os esforços se voltam a uma ação coletiva de superação dessas desigualdades.

As DCNEIs partem de princípios básicos orientados por um trabalho pedagógico compromissado com a qualidade de desenvolvimento para todas as crianças ao longo de sua permanência na educação infantil.

Educar a partir das Propostas Curriculares da Educação Infantil

A educação de 0 a 3 anos, que acontece nas creches, fica próxima à educação que é dada pela família, centralizada na transmissão de valores e no desenvolvimento de hábitos e atitude. Na educação de 4 e 5 anos oferecida na pré-escola, por sua vez, já existe toda uma preocupação quanto à forma de pensar, sentir e fazer das crianças.

Educar, segundo o RCNEI:

"Educar significa, portanto, propiciar situações de cuidados, brincadeiras e aprendizagens orientadas de forma integrada e que possam contribuir para o desenvolvimento das capacidades infantis de relação interpessoal, de ser e estar com os outros em uma atitude básica de aceitação, respeito e confiança, e o acesso, pelas crianças, aos conhecimentos mais amplos da realidade social e cultural. Neste processo, a educação poderá auxiliar o desenvolvimento das capacidades de apropriação e conhecimento das potencialidades corporais, afetivas, emocionais, estéticas e éticas, na perspectiva de contribuir para a formação de crianças felizes e saudáveis." (BRASIL, RCNEI, 1998, p. 21)

Na educação de 0 a 5 anos, a aprendizagem da criança precisa ser pensada a partir das inter-relações que são criadas em parceria com outras crianças e entre seus pares adultos, que favorecem o desenvolvimento dos conhecimentos adquiridos por meio da percepção e da memorização, quando conseguem expor suas vontades e sentimentos. O seu processo educativo acontece de forma lúdica e autônoma.

Já o trabalho pedagógico desenvolvido em creches e pré-escolas demonstra que cuidar e educar são aspectos unificados, a partir da concepção de uma atmosfera em que a criança possa sentir-se satisfeita e segura, amparada em suas atitudes, um lugar em que ela possa lidar de forma apropriada com suas emoções e seus medos, elaborando sua identidade e até mesmo construindo teorias sobre o mundo.

A meta do cuidar e educar nas instituições de educação infantil é amparar as crianças desde o nascimento e ao longo de todo o seu desenvolvimento, estabelecendo-se uma afinidade positiva com a instituição educacional no fortalecimento de sua autoestima, seu interesse e sua curiosidade pelo conhecimento do mundo, familiarizando-se com diversas linguagens, no acolhimento das diversidades entre as crianças. Desses pontos decorrem algumas características para a organização das propostas curriculares das instituições de educação infantil, ao assegurar a educação de modo integral, garantindo o cuidado como algo indispensável ao processo educativo e cumprir o dever do Estado com a segurança de uma educação de qualidade a todas as crianças na educação infantil.

As DCNEIs, com base nessas condições, assinalam que as instituições de educação infantil, na organização de sua proposta pedagógica e curricular, devem:

a) garantir espaço e tempo para participação e diálogo, familiarizando-se com o dia a dia das famílias, bem como o respeito e a valorização das diversas formas em que elas se organizam;

b) trabalhar com os saberes que as crianças constroem ao mesmo tempo em que acontece a assimilação e a construção de novos conhecimentos;

c) apreciar a ludicidade como atividade fundamental nessa fase de desenvolvimento, criando condições para que as crianças brinquem regularmente;

d) proporcionar conhecimentos que sejam agentes de aprendizagem para consequente desenvolvimento das crianças;

e) escolher aprendizagens a serem promovidas com as crianças, não as limitando a propostas tradicionais valorizados pelos professores;

f) ampliar seu aprendizado para que assumam o cuidado pessoal, o fazer amigos, reconhecendo suas próprias prioridades e particularidades;

g) organizar espaços, tempo, materiais e intercâmbios nas atividades realizadas para que possam espalhar sua imaginação em gestos corporais, na oralidade, na língua de sinais, na dança, no desenho, no faz de conta e em suas tentativas de escrita;

h) considerar os interesses particulares e coletivos das crianças de todas as faixas etárias, vendo a criança em cada momento como uma pessoa inteira na qual os aspectos afetivos, cognitivos, motores e linguísticos interagem, mesmo que em constante mudança;

i) eliminar as metodologias que não reconheçam as atividades criadoras e que gerem atividades mecânicas e não significativas para as crianças;

j) oferecer oportunidades para que elaborem seus sentidos pessoais, adaptem-se à informações significativas de sua cultura, não como verdades absolutas, mas como preparações ativas e temporárias;

k) criar condições para que participem de diversas formas de agrupamento (mesma idade e diferentes idades) formados com base em critérios pedagógicos, respeitando-se seu desenvolvimento físico, linguístico e social;

l) oportunizar deslocamentos e movimentos nos espaços internos e externos das turmas e da instituição, no envolvimento de brincadeiras e explorações;

m) oferecer objetos e materiais diferenciados, contemplando as particularidades de cada faixa etária (desde os bebês até as crianças maiores);

n) respeitar as condições específicas das crianças portadoras de deficiência, transtornos de desenvolvimento, altas habilidades/**superdotação** e desigualdades culturais, étnico-raciais, linguísticas e sociais, das crianças, famílias e comunidade;

o) organizar projetos para as crianças brincarem em bosques, praças e jardins, para terem experiências de semear, plantar e colher, construindo uma relação de identidade, reverência e respeito com a natureza;

p) permitir o acesso das crianças a diferentes espaços culturais da comunidade e fora dela, tais como apresentações musicais, teatrais, fotográficas, plásticas e visitas a bibliotecas, brinquedotecas, museus, monumentos, parques e jardins.

Todas essas considerações, além de marcar expressivamente as instituições de educação infantil, devem ainda constar em três situações assinaladas nas DCNEIs.

O compromisso com uma educação infantil de qualidade não pode deixar de observar o trabalho pedagógico em relação às crianças portadoras de deficiência, transtornos globais de desenvolvimento e altas habilidades/superdotação.

O planejamento dessas situações de aprendizagem na educação infantil deve garantir às crianças direito à liberdade e participação como sujeitos ativos, desenvolvendo suas possibilidades de participação nas brincadeiras e interações com as demais crianças, momentos em que praticam sua capacidade de interferir na realidade e compartilhar das atividades curriculares com os colegas para que os educadores possam:

- oferecer acessibilidade a brinquedos, espaços, materiais e objetos, processos e formas de comunicação às suas singularidades e especificidades;
- estruturar os ambientes de aprendizagem de modo a lhes dar condições para compartilhar de todas as propostas com as demais crianças participantes;

- garantir condições para interagir com colegas e professores;
- organizar cuidadosamente atividades que tenham função social imediata e clara para elas;
- preparar atividades diferenciadas em sequências, que lhes permitam a retomada de passos anteriores;
- montar o espaço físico de modo que seja funcional, possibilitando locomoções e explorações;
- cuidar para que possa ser auxiliada da forma mais adequada no aprendizado de cuidar de si, o que abrange a aquisição de autonomia e a prática de se certificar de sua segurança pessoal;
- estabelecer hábitos diários e normas claras para melhor orientá-las;
- instigar sua participação em atividades que abranjam diversas habilidades e linguagens, tais como canto, dança, desenho, trabalhos manuais etc., e dar-lhes várias formas de contato com o meio exterior;
- oportunizar condições diferenciadas de aprendizado cooperativo, instruções, trabalho em grupo, uso de tecnologias, diversos processos e maneiras de aprendizagem;
- oferecer materiais adaptados para que elas tenham um melhor desempenho;
- garantir o tempo que precisam para a realização de cada atividade, recorrendo à tarefas sólidas e funcionais;
- criar metodologias de ensino específicas, porém não diferentes das usadas com as demais crianças;
- alcançar uma avaliação própria, que acompanhe as aprendizagens com base em suas capacidades e habilidades, não levando em conta suas limitações; e
- ter contato frequente com as famílias para melhor coordenação de condutas, informações e troca de experiências.

É importante reconhecer que a educação inclusiva só se concretiza se os ambientes de aprendizagem forem sensíveis às questões individuais e grupais e onde

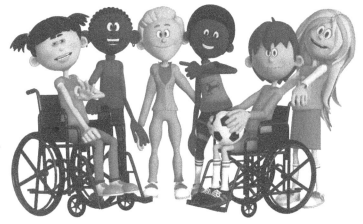

as diversas crianças possam ser acolhidas em suas necessidades particulares de aprendizagem, quer sejam transitórias ou não, através de ações apropriadas a cada situação.

A educação infantil deve atender à demanda das populações do campo, povos da floresta e rios, indígenas, quilombolas etc., por uma educação de qualidade para seus filhos. O trabalho pedagógico de creches e pré-escolas instaladas nessas áreas precisa distinguir a constituição plural das crianças brasileiras no que se refere à identidade cultural e regional e à condição étnico-racial, de gênero, linguística, regional, religiosa e socioeconômica.

Para tanto, deve:

a) estabelecer uma relação com a cultura, a identidade, os saberes e as tradições das várias populações;

b) adotar estratégias que garantam o atendimento às populações acima citadas;

c) Adequar o calendário, os agrupamentos etários, a disposição de ambientes, as atividades e o tempo;

d) respeitar as diferentes atividades econômicas e a política de igualdade, sem prejuízo da qualidade do atendimento;

e) oferecer brinquedos, materiais didáticos e outros equipamentos, de acordo com a realidade das populações atendidas; e

f) ratificar o papel dessas populações na cultura de conhecimento sobre o mundo.

Essa demanda por ampliação da educação infantil para além de territórios urbanos é recente e se associa à preocupação em atender às populações do campo e indígenas com uma educação que analise os saberes de cada comunidade e/ou grupo cultural, em produtivo intercâmbio com os saberes que rodeiam os centros urbanos, também assinalados por extensa diversidade cultural.

Quando aceitas, as propostas curriculares na educação infantil, pelas comunidades indígenas, devem:

- se adequar às crianças indígenas, em uma relação com suas crenças, conhecimentos, concepções de mundo, valores e memórias de seu povo;

- reafirmar a sua identidade étnica e a língua como elementos de sua constituição;

- dar continuidade à educação tradicionalista oferecida pela família e articular-se às práticas socioculturais de educação e cuidado coletivos da comunidade;

- adequar agrupamentos etários, calendários e organização de ambientes, atividades e tempo, de modo a atender as demandas de cada povo indígena.

Centro de um planejamento curricular, a criança é avaliada como um sujeito histórico e de direitos que se desenvolve nas interações, relações e práticas do dia a dia, disponibilizadas e constituídas entre adultos e outras crianças de diversas idades, em grupos e situações culturais diversificadas nas quais se insere.

O modo como ela é alimentada, como dorme (com barulho ou no silêncio), se brinca com outras crianças e/ou adultos, os contatos corporais e as dicções de voz que reconhece nas pessoas que lidam com ela, o tipo de roupa que usa, os espaços que costuma ficar, os objetos que maneja, o modo como conversam com ela etc., são elementos da história de seu desenvolvimento em uma cultura.

As atividades das crianças não se limitam à tranquila incorporação de elementos da cultura, mas garantem sua singularidade, atribuindo sentidos à sua experiência por meio de diferentes linguagens, para seu desenvolvimento em diversos aspectos, tais como afetivos, cognitivos, motores e sociais.

Assim, a criança procura compreender o mundo e a si mesma, avaliando de alguma forma as definições que estabelece, alterando-as sucessivamente em cada interação, quer seja com outro ser humano, quer seja com objetos. De certo modo, a criança, desde pequena, não só se adequa a uma cultura, como também o faz de modo adequado, construindo cultura por si mesma.

Outro fator importante, com relação à aprendizagem infantil, pondera que as capacidades da criança em reconhecer cores, memorizar poemas, representar qualquer coisa por meio de um desenho, confortar um colega que chora etc., não são fruto de amadurecimento, são produzidas nas relações que as crianças desenvolvem com o mundo material e social, intercedidas por diferentes parceiros, conforme procuram atender às suas necessidades, nos procedimentos de produção de ideias, objetos, tecnologias e valores.

Portanto, as experiências vivenciadas no espaço de educação infantil devem permitir o encontro de esclarecimentos pela criança sobre o que acontece consigo mesma e à sua volta, enquanto ampliam formas de pensar, sentir e resolver problemas.

De acordo com esse processo, é necessário envolver as crianças da educação infantil em diversas linguagens, valorizando o lúdico e as culturas infantis. Quando o professor ajuda as crianças a desenvolver os saberes abrangidos na solução de certas tarefas, tais como fazer um desenho, empilhar blocos, narrar um acontecimento, contar e recontar uma história, são criadas condições para o desenvolvimento de suas habilidades cada vez mais complicadas, com experiências de aprendizagem e desenvolvimento distintos de crianças que têm menos chances de exploração e interação.

Diante dessa visão de criança, o desafio que se aplica para a elaboração curricular e para sua concretização habitual é transcender a prática pedagógica centrada no professor, trabalhando, principalmente, a sensibilidade do educador para uma aproximação real com a criança, compreendendo-a do ponto de vista não do adulto, mas, exclusivamente, infantil.

O choque das práticas educacionais no desenvolvimento das crianças se faz por meio das relações sociais que as crianças, desde pequenas, constituem com as outras crianças e com os professores e envolvem a construção de suas identidades. Em função disso, a preocupação básica do professor é garantir que as crianças tenham oportunidades de intercâmbio com colegas, uma vez que, com isso, elas aprendem coisas que lhes são muito expressivas e que são diferentes das coisas que elas aprendem no contato com crianças mais velhas ou com adultos.

As DCNEIs ainda destacam a brincadeira como atividade privilegiada na promoção do desenvolvimento nessa fase da vida humana. À medida que o grupo de crianças **interatuar**, é que são construídas as culturas infantis. Além de reconhecerem o valor das interações das crianças entre si e com adultos, e a seriedade de se olhar para as práticas culturais em que se envolvem, brincar dá à criança oportunidade para transcrever o que já conhece e construir o novo, conforme vai reconstruindo o cenário necessário para que sua fantasia se aproxime ou se distancie da realidade vivida, adquirindo personalidades e decompondo objetos conforme os usa.

Na brincadeira do faz de conta se determina um tipo de entendimento rico em tonalidades e que permite às crianças investigar o mundo e a si mesma e testar seus conhecimentos no uso interativo de objetos e conversações.

Por meio das brincadeiras e de outras atividades diárias que acontecem nas instituições de educação infantil, a criança aprende a assumir papéis diferentes e, ao se pôr no lugar de outra criança, estuda a composição de seu desempenho com os demais companheiros, desenvolvendo habilidades diversificadas e construindo sua identidade.

Finalmente, considerarmos as crianças como seres concretos nas propostas curriculares das instituições de educação infantil motiva abranger suas famílias e seus grupos culturais, ou seja, ao possibilitar às crianças uma experiência social diversa da vivência do grupo familiar, satisfazemos importante papel na formação da sua personalidade. No entanto, é apropriado lembrar que os argumentos coletivos de educação para crianças da educação infantil são diferentes do ambiente familiar e demandam formas de organizá-los, diferentes do modelo materno, anteriormente aproveitado para considerar o trabalho em creches e pré-escolas.

Esse princípio reforça a gestão democrática como componente indispensável, uma vez que é por meio dela que a instituição de educação infantil também se abre à comunidade, permitindo sua entrada, possibilitando sua participação na preparação e no acompanhamento da proposta curricular.

Glossário – Unidade 1

Autonomia – capacidade de se autogovernar, liberdade moral ou intelectual.

Etária – relativo à idade.

Flexibilidade – fácil de manejar, maleável.

Interatuar – interagir.

Superdotação – fenômeno que abrange o conceito de superdotado, que é um indivíduo que possui capacidades, geralmente intelectuais, acima do que é considerado normal.

UNIDADE 2
O PROFESSOR DE EDUCAÇÃO INFANTIL À LUZ DAS PROPOSTAS CURRICULARES

Capítulo 1 Introdução, 30

Capítulo 2 O perfil, 30

Capítulo 3 A formação, 32

Capítulo 4 O olhar subjetivo e mediador do professor de educação infantil, 41

Glossário, 46

1. Introdução

Para que o professor de educação infantil atue segundo a compreensão da criança ativa e criadora de conhecimentos, será necessário que ele tenha o perfil adequado a essa função, a formação inicial apropriada e condições para atuar ativamente em seu dia a dia, de modo a fazer reflexões sobre sua identidade profissional e, sobretudo, sobre sua ação docente.

As políticas para a educação infantil, as práticas com as crianças e as alternativas de formação de professores vêm ocupando os debates educacionais e a ação de movimentos sociais no Brasil nos últimos 20 anos. O reconhecimento dos direitos assegurados na Constituição Federal de 1988 (CF/88), no Estatuto da Criança e do Adolescente (ECA) e na Lei de Diretrizes e Bases da Educação Nacional, de 1996 (LDBEN/1996), foram especificados nas Diretrizes Curriculares Nacionais para a Educação Infantil (DCNEI) e no Plano Nacional de Educação (PNE).

Tudo isso gerou consequências na formação de professores e nas políticas municipais e estaduais, já que os governos, com menos ou mais ênfase, investem na educação infantil como nunca foi investido no Brasil.

Dos debates sobre a educação infantil nasceu a necessidade de estabelecer políticas para a formação de profissionais e de propostas curriculares para a educação de 0 a 5 anos, levando-se em conta os diversos entendimentos de infância, o currículo, o atendimento, as alternativas e as práticas da educação infantil. Os direitos de "crianças/cidadãs" foram conquistados legalmente, mesmo sem a existência, às vezes, de um orçamento que torne viável a concretização desses direitos na prática, de exigências de formação de profissionais da educação infantil e do reconhecimento de sua condição de professores.

2. O perfil

O profissional de educação infantil deve ser polivalente e se responsabilizar pelo desenvolvimento global das crianças. Por isso, precisa ter conhecimentos específicos sobre a criança de determinada faixa etária (0 a 5 anos), conectando tais conhecimentos com a prática vivenciada.

Porém, nota-se que a composição dos cursos de formação dos educadores de Educação Infantil, em geral, é semelhante à dos professores das séries iniciais do ensino fundamental, ou seja, é dividida em áreas do conhecimento e disciplinas (português, matemática, ciências etc.).

O perfil profissional considerado adequado para a educação infantil, na realidade atual, é o do profissional pesquisador, que seja capaz de exercer uma prática **reflexiva**, articulando diversos tipos de conhecimento das crianças e seu mundo, abordando questões relevantes para o desenvolvimento global das crianças, tais

como cordialidade, socialização etc. É indispensável justificar, neste momento, o motivo pelo qual é necessário formar o professor como um profissional pesquisador.

O perfil do profissional pesquisador deve ser o de investigador da própria prática, estabelecida desde a formação inicial. Portanto, as instituições de formação devem proporcionar o estudo de disciplinas, mas, também, devem articular os ensinamentos estudados com a realidade do dia a dia escolar.

ATENÇÃO! O trabalho do professor não deve ser apenas de aplicação de métodos, pois ele convive com realidades diferentes.

Hoje em dia, tornou-se uma tendência educacional falar em professor pesquisador, realizador de uma prática reflexiva, mas vincular essa prática ao dia a dia do profissional deve ir além de discursos reproduzidos.

Schön (apud Contreras, 2002) desenvolveu a ideia do profissional reflexivo, ampliada por tratar das informações reveladas em circunstâncias improváveis, estranhas ao dia a dia escolar. Apesar disso, há o conhecimento resultante da ponderação sobre atos feitos, denominados pelo autor de reflexão na ação.

Para uma constante busca de respostas, deve haver uma reflexão com fundamento teórico característico, dando ao profissional um repertório intelectual para que o diálogo reflexivo seja realizado, a fim de que ele questione e procure recursos para as situações vivenciadas, ao contrário do profissional técnico, que deve aplicar e executar justamente o que lhe foi ensinado, sem que haja apreciação e adaptação à situação. Por isso, Schön (apud Contreras 2002) utiliza o pensamento da prática, sem abrir mão da questão teórica.

Além de Contreras (2002), vários outros autores, a partir do pensamento de Shön, cogitaram a ideia de que o perfil pretendido deve colaborar para que o professor se torne um profissional "crítico reflexivo" e não apenas um profissional reflexivo.

O professor "crítico reflexivo" será sempre um profissional ativo, desenvolvedor de atividades estruturantes, ou seja, capaz não só de organizar saberes sobre sua prática, mas também apto a passar isso para as crianças. Segundo Contreras (2002), o perfil dos professores de educação infantil, no decorrer da História, foi assinalado pela demanda da racionalidade prática, restringida por ações técnicas. Porém, contrariamente a esse paradigma, surgiu a ideia da formação do professor pesquisador e, ao mesmo tempo, "crítico/reflexivo".

Assim, ao pensarmos no professor com um perfil de pesquisador da sua própria prática, analista possuidor de senso crítico, tratamos não apenas da praticidade, mas de algo que se baseia em princípios, como a ação criadora e a autonomia intelectual do professor pesquisador, que, segundo Fiorentine (1998):

> "[..] habilita para atuar como agente ativo/reflexivo que participa das discussões/investigações e da produção/elaboração das inovações curriculares que atenda aos desafios socioculturais e políticos de seu tempo." (FIORENTINE, 1998, p. 310)

Diante do perfil profissional apresentado, é necessária uma articulação entre a teoria e a prática pedagógica, que não deve se limitar à experiência profissional, mas também à questão da formação inicial dos professores.

Falar de teoria e prática ao traçarmos o perfil para o trabalho como professor pesquisador e crítico reflexivo não envolve apenas aumentar as horas de estágio, por exemplo, mas denota abdicar de um modelo de formação que reduz a prática apenas à aplicação de teorias. É preciso também refletir sobre a realidade da escola, especificamente da educação infantil.

Embora o perfil desejado ainda seja um desafio a ser alcançado, pode-se perceber que progredimos muito em relação à concepção inicial do perfil do profissional de educação infantil. Antes, tal perfil praticamente inexistia, mas hoje é garantido por lei, determinando que este seja alcançado, de preferência, no ensino superior.

3. A formação

O professor vem se constituindo na instituição escolar infantil como de extraordinária importância para o trabalho educacional desenvolvido com as crianças de 0 a 5 anos. Até há pouco tempo, esse trabalho era feito por profissionais que não necessitavam de formação específica, pois eram vistos como cuidadores, que prestavam o trabalho com cunho assistencialista, em creches para crianças de 0 a 3 anos. O trabalho educacional era desenvolvido nas pré-escolas a partir dos quatro anos.

O trabalho com crianças na faixa etária de 0 a 3 anos ainda é desenvolvido por profissionais, cuja formação exigida é o ensino médio (antigo magistério ou normal), e o papel de educador, em grande maioria, é desenvolvido por profissionais com formação em Pedagogia. Muitas vezes, essa divisão, em vez de contribuir para a formação da criança, cria uma ruptura, pois coloca em questão a articulação entre o cuidar e o educar.

A Lei de Diretrizes e Bases da Educação Nacional n. 9.394/96 (LDBEN) recomenda, há quase vinte anos, que o exercício da docência nos anos iniciais seja feito por um professor formado em Pedagogia, mas algumas instituições ainda insistem em contratar profissionais apenas com a formação de nível médio (magistério).

Ao analisarmos as competências que os professores precisam desenvolver nos educandos de 0 a 5 anos, vemos que esses profissionais ainda necessitam de orientações mais específicas que garantam uma docência voltada para a educação, a proteção, a cultura e a saúde. Esses profissionais vivem uma grande luta na busca de uma identidade que reflita sua formação e profissionalização.

Um dos maiores desafios, nos dias de hoje, está na formação de professores que vão atuar na educação básica, principalmente na educação infantil, pois tal informação traz em sua configuração um novo modelo de trabalho, realizado em conjunto pelo professor/cuidador e pelo professor/educador; existe um compartilhar entre a aprendizagem e o trabalho prático desenvolvido. Essa nova forma de trabalhar exige novas formas de organizar o trabalho, a rotina e o funcionamento dos espaços e tempos escolares.

Juntos, esses educadores se tornam mediadores, planejando, estudando, refletindo e elaborando novas formas de cuidar e educar as crianças, cada um dentro do seu campo de atuação. O professor também é um mediador quando elabora suas ações junto com seus pares, quando pensa sobre os objetivos e desenvolve o pensamento e a aprendizagem das crianças.

No escopo dessas ações, está o pensar sobre os espaços que favorecem o desenvolvimento intelectual, motor e social das crianças, favorecendo a formação integral dos educadores e dos educandos.

Hoje em dia, determina-se que o professor possua uma formação que tenha em seu currículo a preocupação com os aspectos culturais, éticos e estéticos, além de buscar a construção de uma autonomia profissional em que a razão e a imaginação prevaleçam sobre a nova forma de articular o intelectual com o prático.

Para Oliveira (2010), um processo de formação de professor ocorre a partir do momento em que ele se adapta ao modo de agir, pensar e sentir e em momentos historicamente estabelecidos de ensino/aprendizagem. Esse processo se dá ao longo da formação docente e orienta suas melhores decisões em relação à aprendizagem, que deve ser desenvolvida com as crianças de educação infantil.

O professor que atua com crianças de 0 a 5 anos deve ter seu foco tanto no cuidar como no educar e isso fará do professor alguém que pensa sobre os intercâmbios que as crianças realizam entre si e os adultos no ambiente escolar. Esse professor deve entender como as crianças compartilham os vínculos e informações sobre seus saberes artísticos, a construção de sua autonomia e seus conhecimentos culturais. Oliveira (2010) afirma que conforme o professor passa a conhecer cada uma das crianças de seu grupo, ele pode aprimorar as observações sobre elas e exercitar o olhar sobre as situações cotidianas em momentos de formação continuada na unidade de educação infantil.

O profissional que atua na educação infantil precisa, portanto, estar em constante formação, pois a criança nessa faixa etária requer que o professor tenha sensibilidade e capacidade intelectual para perceber linguagens, estímulos, gestos e pequenos sinais que só com o estabelecimento de vínculos ele será capaz de compreender.

A formação inicial e continuada do profissional que atuará com as crianças de 0 a 5 anos deverá garantir as seguintes competências:

- organizar condições de acolhimento;
- interagir com as crianças;
- pesquisar recursos e materiais adequados;
- interagir com as famílias;
- refletir sobre a prática docente.

Além dos professores, outros profissionais também convivem com as crianças desde seu ingresso na instituição até o momento em que os pais a buscam: o porteiro, as inspetoras, serventes e merendeiras, entre outros. Os professores devem garantir uma boa convivência com os demais profissionais, ensinando valores simples como cumprimentar e dar e receber carinho, sempre dentro de uma proposta pedagógica que garanta o bom relacionamento no cotidiano da vida escolar das crianças.

O profissional que pensa a educação de crianças de 0 a 5 anos deve considerar que todos dentro da instituição participam da formação da criança e, além de cuidar, deve ter a preocupação com os conteúdos educacionais, além de grande sensibilidade para as questões sociais e culturais do público que atende.

Para que haja uma melhoria em relação à formação e ao atendimento às crianças de 0 a 5 anos, devem ser desenvolvidas ações conjuntas de formação contínua de professores e também dos profissionais que atuam neste segmento, como ações pedagógicas e ações de experiências cotidianas vividas, que renovem seus saberes e suas vivências.

De modo a colaborar para que nossos docentes desempenhem sua cidadania conscientemente, no que diz respeito à sua formação técnica, científica e cultural, é fundamental o desenvolvimento de pesquisas para a formação de professores, situando-o como sujeito real, com importância social e especificidades, dando-lhe a voz que precisa para a produção de conhecimento sobre sua prática.

Sob essa perspectiva, um novo modelo para os cursos de formação de professores deve ser desenvolvido, com foco na realidade escolar.

Sob a influência da formação inicial, defendem-se argumentos e métodos culturalmente determinados por discursos renovadores, que, muitas vezes, fogem da realidade dos principais atores das transformações, a saber, os professores, e, especialmente, de sua indispensável autonomia.

Cabe a seguinte pergunta:

- Qual é o modelo vigente em nossa perspectiva de investigação sobre a formação de professores?

A resposta seria: o modelo que parte da voz dos pesquisadores, ou, o que se apresenta pela cultura escolar, o professor e os demais abrangidos no processo educacional.

Assim, buscam-se estabelecer caminhos de formação de professores que enxerguem as reivindicações integradas ao perfil do profissional a ser habilitado para a tarefa de educar e visando ao exercício da cidadania.

Segundo Paiva (2003), a ação da formação para o exercício da prática docente tornou-se um ponto recorrente nas duas últimas décadas, quando se fala da formação de professores.

Torna-se importante destacar o que foi defendido por Freire (2000): "[...] na formação permanente dos professores, o momento fundamental é o da reflexão crítica sobre a prática". Assim, o que se oferece é uma sugestão de pesquisa cuja reflexão crítica sobre a prática torna-se fundamental em três atividades essenciais e indissociáveis: o ensino, a pesquisa e a extensão.

Com essa expectativa, há sempre a preocupação de que os temas debatidos, as experiências concretizadas, as propostas aproveitadas ou organizadas conduzam a oportuna realidade educacional, caracterizando o processo ensino/aprendizagem sob a responsabilidade dos professores envolvidos, muitos deles alunos do curso de Licenciatura.

Sob uma extensão social, os componentes da tríade: ensino, pesquisa e extensão tendem a se perder por solidificarem uma reflexão crítica sobre a prática, quer seja no campo das disciplinas de graduação, das atividades à distância ou de pesquisas realizadas sobre esse tema. Vale observar a **percepção** de se trabalhar, sob qualquer das três vertentes, sempre ao lado do professor e não para o professor.

Portanto, a opção de se usar a teoria aliada à metodologia na pesquisa privilegiará o professor e a sua cultura escolar. Com essa probabilidade, a cultura, a ética e a subjetividade têm papel fundamental na composição do sujeito "professor" no contexto da dinâmica educacional, visando à sua formação como ferramenta de concepção dos aspectos focados, especialmente enxergando uma abordagem sociocultural.

A importância da cultura na formação dos professores foi avaliada por Bruner (1997), que destacou seu papel característico. O autor criou o pensamento individualista que diferencia a Psicologia, estabelecendo normas emblemáticas usadas para levantar os significados existentes.

A demora em perceber o que o surgimento da cultura significou para a adaptação e para o funcionamento humano, transferindo a atenção para o cérebro, fisicamente falando, atrasou a compreensão da importância efetiva do seu aparecimento, equivalente ao desenvolvimento **morfológico**, de: "sistemas característicos compartilhados, de modos tradicionais de viver e trabalhar em conjunto, em suma, da cultura humana" (BRUNER, 1997, p. 22).

A ação característica da cultura configura-se, dessa maneira, de modo decisivo para o entrosamento dos métodos de formação de professores, principalmente sob a ótica psicológica.

PARA SABER MAIS! Lev Semenovitch Vygotsky (Orsha, 17 de novembro de 1896 – Moscou, 11 de junho de 1934), foi um cientista bielorrusso. Pensador importante em sua área e época, foi pioneiro no conceito de que o desenvolvimento intelectual das crianças ocorre em função das interações sociais e condições de vida.

A análise das perspectivas de se superar, estruturalmente, as barreiras atribuídas à escola passa, necessariamente, pela autonomia da própria escola, que demanda a mesma autonomia dos participantes, principalmente de seus professores, ao negociar demonstrações particulares e coletivas no campo dos ambientes escolares.

A partir do seu argumento de trabalho nas ações de educação inicial e continuada da formação de professores, surge facilmente a obrigação de se discutir táticas de ensino e soluções didáticas. Uma ação inquietante, nesse sentido, é o significado do ensinar e do aprender e as decorrências para as táticas de ensino seguidas pelos professores.

A associação entre o ensinar e o aprender apresenta-se tanto no discurso habitual como em suposições sobre a aprendizagem e o desenvolvimento psicológico. De acordo com essa visão, o professor não deve participar diretamente do processo de aprendizagem do aluno, e, sim, procurar entender o modo como a relação da aprendizagem se idealiza com o desenvolvimento.

Sob a visão histórico-cultural de Vygotsky (1968), a aprendizagem antecede o desenvolvimento.

Dentro da formação de professores, imagina-se um planejamento de ensino direcionado ao aluno da escola, procurando-se fazer uma reflexão entre o esboçado e o realmente atingido, considerando diferentes variáveis que animarão a dinâmica da sala de aula.

Outra atividade curricular importante que procura analisar e refletir sobre a prática docente é a monografia da graduação, em que os alunos fazem uma revisão crítica da literatura sobre um aspecto teórico metodológico de seu interesse.

Nesse espaço curricular, o aluno terá a oportunidade de entender os embasamentos metodológicos da investigação a que se propôs, por meio de estratégias que se concentram na contribuição ao que chamaríamos de construção do sujeito "professor" (SILVA et al., 2002).

Com o andamento do mundo globalizado, alastram-se, nas reformas educacionais, o currículo por competências, a avaliação de desempenho, a promoção de professores por mérito, os conceitos de produtividade, eficiência e eficácia etc. Também relacionados ao discurso global estão os assuntos que dizem respeito às especificidades locais, produzindo, dessa forma, políticas educacionais combinadas com interesses e marcas tanto locais quanto globais. Existe um constante conflito, nesse processo, entre a necessidade de acolhimento na preparação e no cumprimento de políticas educacionais e a necessidade de avaliar o que os envolvidos têm em comum.

Pode-se identificar, no caso da formação de professores no Brasil, o questionamento do desempenho profissional dos docentes como um dos discursos que tende a relacionar a construção dessa tentativa de acordo com a legitimidade da reforma educacional.

Em vários discursos sobre o assunto, o sucesso da reforma educacional brasileira foi ligado à vivência de professores mais bem preparados para "realizar o seu trabalho pedagógico de acordo com a lei" (MELLO, 1999, p. 45).

Esperava-se, com isso, um compromisso por parte do professor na prática da reforma, de modo a estabelecer uma forma de influência da ação docente. Essa estrutura de controle sobre os sujeitos ajusta-se com modelos de reformas conservadoras e de contorno especialista e atinge, especialmente, os professores que deixam de assumir os princípios da reforma, como ainda afirmou Mello (1999).

Defende-se, assim, que as capacidades nascem no currículo da formação de professores para formar uma nova organização curricular, na qual o modo de desenvolvimento do ensino ambiciona ser o ponto central. Segundo as DCNEIs (Diretrizes Curriculares Nacionais da Educação Infantil), aprender a ser professor demanda o uso do conhecimento prático ou vindo da experiência adquirida:

> "[...] saber – e aprender – um conceito, uma teoria é muito diferente de saber – e aprender – a exercer um trabalho. Trata-se, portanto, de aprender a ser professor." (DCNs, 2001, p. 48)

Essa perspectiva é exposta nos RFP (Referenciais para a Formação de Professores/1999) ao se proteger a ruptura com a designada "lógica convencional, que parte das disciplinas para definir os conteúdos da formação e substituí-la por outra" (RFP, 1999). O referencial, portanto, transforma-se na atuação profissional que indica o que deve ser demandado das disciplinas.

O "status de objetivos de formação" (RFP, 1999, p. 82) é atribuído nos Referenciais, dando margem às competências, buscando em um mesmo texto assinalar o modelo de currículo por objetivos, ao se afirmar que as competências não são metas individuais.

Contudo, ao se ampliar a avaliação como processo fundamental na formação de professores por competências, as questões acerca da individualidade e quantidade colocam-se, no mínimo, como improváveis.

Ao considerarmos a complexidade de se "avaliar as competências no processo de formação" (DCNEIs, 2001), caracterizam-se, para avaliação, dois tipos de competências: as individuais e as coletivas. Mesmo conhecendo as dificuldades impostas na avaliação das competências profissionais, esses documentos indicam diversas ferramentas apropriadas para responder a essa complexidade. Essas ferramentas são, na verdade, atividades que apontam para o desenvolvimento de atuações.

Mesmo recusando qualquer tipo de associação, o discurso dos documentos, com o movimento da eficiência social e da pedagogia dos objetivos, ou, ainda, com modelos curriculares baseados na formação docente por competências ou desempenho, apresenta um repertório de capacidades que se aproxima, especialmente, na fórmula desses modelos.

Entre as aproximações, podemos citar a organização de competências por três tipos: conceitos, procedimentos e atitudes, obedecendo, respectivamente, aos objetivos cognitivos, psicomotores e afetivos formulados, a partir de verbos que explicitam desempenhos a serem avaliados mais objetivamente. Podemos, ainda, incluir na proposta do novo modelo brasileiro de profissionalização, não apenas um novo processo de formação de professores, mas também um novo tempo/espaço para a formação do docente, no qual o próprio professor é responsável por sua formação permanente.

Como se pode verificar no documento das DCNEIs, o desenvolvimento das competências profissionais é processual. Porém, a formação inicial é apenas uma primeira etapa do desenvolvimento profissional permanente, "impondo ao professor o desenvolvimento de disposição para atualização constante" (DCNEIs, 2001).

Cabe, ainda, ao professor, identificar, individualmente, o melhor para sua necessidade de formação e cultivar o esforço necessário para realizar sua parcela de investimento no próprio desenvolvimento profissional, pois ser profissional "implica ser capaz de aprender sempre" (RFP, 1999).

Esse desafio apresentado pelas Diretrizes, de tornar a formação de professores uma formação profissional de alto nível, sustenta um entendimento mais voltado à técnica, cujo destaque passa a ser adequar o "atendimento às demandas de um exercício profissional específico que não seja uma formação genérica e nem apenas acadêmica" (DCNEIs, 2001).

Logo, o profissional deve alcançar mais do que "conhecimentos sobre o seu trabalho" (DCNEIs, 2001); deve saber movimentá-los, o que exige dominar capacidades. A cultura da avaliação não se restringe ao processo de formação inicial, mas persiste pela formação continuada e difunde-se pelo lema aprender a aprender, servindo como mecanismo de promoção salarial e desenvolvimento da carreira.

Com essas características, o discurso dos documentos anima-se em dissociar o caráter punitivo da avaliação, afirmando que ela será útil ao professor que poderá "auto regular a própria aprendizagem" (DCNEIs, 2001).

Ainda no discurso dos documentos, avaliação e responsabilidade caminham juntas no desenvolvimento profissional e na formação dos professores e, por isso, sugerem a instituição de "processos de avaliação da atuação profissional, capazes de aferir a qualidade efetiva do trabalho do professor" (RFP, 1999), que venham a romper com o instituído, promovendo uma avaliação por mérito e de caráter individualista, contrariando a ideia de desenvolvimento profissional como essencialmente coletivo.

Ao longo da história do currículo, a expressão "desenvolvimento de competências" associou-se à atuação em situações concretas ou da experiência profissional, podendo vir a resultar no esvaziamento do espaço do conteúdo dos diferentes conhecimentos em favor do saber técnico de como desenvolver a atividade de ensino na escola, a partir da valorização do desempenho, do resultado e da eficiência.

Mesmo ao se reconhecer a singularidade do trabalho do professor, a formação defendida pelos documentos volta a ser entendida como um processo de treinamento, pois mais importante do que dominar conhecimentos teóricos é saber aplicar esses conhecimentos em situações concretas, na prática, com a máxima de que "isso se aprende a fazer fazendo" (RFP, 1999).

Verifica-se também que a orientação de prover as necessidades dos diversos professores em sua formação atende às diferenças no desenvolvimento do currículo da formação, não seguindo a mesma direção no processo de avaliação.

Verifica-se, ainda, nos documentos, que ao fazerem referência ao processo de avaliação

de competências, este deve se aproveitar de ferramentas de avaliação que possam cumprir com a finalidade de "diagnosticar o uso funcional e contextualizado dos conhecimentos" (RFP, 1999).

Pode-se afirmar que o modelo de competências na formação profissional de professores atende, de fato, à construção de um novo modelo de docente, naturalmente controlado na produção de seu trabalho e ativado nas diversas propostas que se apresentam para a escola e, especialmente, para o professor.

A expectativa que se aponta para os educadores e para a sociedade em geral, no momento, é de que seja possível construir um espaço público de diálogo e de formulação de alternativas curriculares para a formação de professores, capaz de responder às críticas ao currículo por competências, especialmente no que diz respeito à aceleração da formação docente e às restrições da atuação intelectual e política dos professores.

Ao especificar os discursos das DCNEIs, passa-se a entender com mais profundidade as relações entre educação e poder, devendo-se, no momento, lançar mão da advertência que fez Foucault (1999) sobre o exercício das relações de poder:

> "[...] não é expulsar os homens da vida social, impedir o exercício de suas atividades, e sim gerir a vida dos homens, controlá-los em suas ações para que seja possível e viável utilizá-los ao máximo, aproveitando suas potencialidades e utilizando um sistema de aperfeiçoamento gradual e contínuo de suas capacidades." (FOUCAULT, 1999, p. 16)

Nos últimos anos, as políticas educacionais brasileiras passaram por um conjunto de reformas que trouxe para o centro da cena as propostas curriculares. Em outros momentos históricos, o currículo também foi objeto de expressiva intervenção governamental.

Recentemente, o debate e as ações modificaram-se ao estabelecerem o currículo nacional por intermédio de **parâmetros**, diretrizes curriculares e processos de avaliação centralizados nos resultados.

4. O olhar subjetivo e mediador do professor de educação infantil

Para falar do olhar **subjetivo** e mediador do professor, não podemos deixar de lado as considerações de Vygotsky (1968), que aborda a relação entre as interações sociais e as aprendizagens ocorridas nas instituições escolares, especialmente na figura do educador, que deve sempre expor sua opinião sobre tudo o que atinge os educandos.

Os estudos de Vygotsky (1968) apontam para os conhecimentos trazidos pelas crianças em suas interações sociais na família, que muito contribuem em suas relações com os outros e com os objetos dos conhecimentos que foram a ela transmitidos. Para o autor, existe uma constante troca de atividades mediadoras com a criança, a escola e o adulto, e esse encontro é enriquecido por confrontos ideológicos e pelas divergências de ideias.

Além do olhar subjetivo, a ação mediadora do professor de educação infantil é outra de suas principais funções, pois seu conhecimento sobre a criança e como ela se desenvolve servirá como parâmetro para as atividades que serão trabalhadas com as crianças, dando a oportunidade para a manifestação de ideias, linguagens, sentimentos e criatividade, respeitando suas relações com o mundo imaginário e com a sociedade.

O profissional de educação infantil deve desenvolver um trabalho integrado, que reconheça a criança como um ser único que deve ser respeitado de forma ética, com suas características pessoais e em seus relacionamentos com seus familiares, colegas e outros membros da instituição.

É importante salientar que as ações de integração são promotoras de diferentes níveis de conhecimento e que sua função resulta nas interações de natureza educativa, pedagógicas e lúdicas.

Cabe ressaltar que a interação só será mantida enquanto tiver sentido educativo tanto para o adulto quanto para a criança; o adulto deve conhecer muito profundamente os níveis de desenvolvimento das crianças de 0 a 5 anos, para que suas interações venham a atender às necessidades educativas dos alunos.

Para ter êxito em suas intenções educativas, o professor deve sempre se respaldar em um planejamento antecipado, que preveja o acompanhamento e avaliação de suas ações. O professor mediador é aquele que sabe se posicionar entre o ensino e a aprendizagem da criança, levando-a a refletir sobre suas ações, não dando respostas prontas e fazendo julgamentos nos momentos de erro, mas, sim, aprendendo com eles.

O professor deve contribuir para a autonomia das crianças, mediando a participação delas em momentos de troca com ele e com os colegas, tendo um olhar subjetivo e diferenciado para os espaços onde ocorrerão as interações entre as crianças em suas diferentes faixas etárias, cuidando para que elas saibam utilizar diferentes materiais sem que se coloquem em situação de risco. Esses cuidados, porém, não devem limitar as crianças no seu processo de exploração e manipulação, característico da faixa etária de 0 a 5 anos.

Também é importante ressaltar a ação subjetiva e mediadora do professor nas interações lúdicas, já que estas permeiam ou deveriam permear todos os espaços destinados às crianças de 0 a 5 anos, como os jogos que vêm sendo utilizados como modos preferenciais de trabalho dentro das instituições.

Em todas as situações, a ação do professor mediador serve para garantir que as atividades aconteçam de forma segura, prazerosa e lúdica para as crianças. O educador deve entender claramente que essas interações lúdicas ajudam as crianças na elaboração de conhecimentos que darão respaldo às suas relações pessoais e sociais, cuidando para que esses espaços lúdicos sejam preservados como suportes de sua ação educativa.

Nesses espaços, o professor poderá colher dados que o ajudarão a entender o processo de desenvolvimento da criança, as funções psicológicas em formação e que estão presentes em suas interações lúdicas, nos espaços e nos momentos de planejamento dentro das instituições.

É importante que o professor tenha conhecimento das mudanças causadas pelas interações como fonte de informação qualitativa para mudanças e adequações em seu trabalho, assim ele terá subsídios para interferir ou garantir a continuidade de uma atividade lúdica.

A ação do professor deve garantir a interação pedagógica, pois esta garante a organização do tempo, dos espaços e dos materiais necessários para o desenvolvimento das crianças. O RCNEI (1998) faz as seguintes considerações em relação à ação de mediação que o professor de educação infantil deve ter em relação ao trato com a criança de 0 a 5 anos:

> "A ação do professor de educação infantil, como mediador das relações entre as crianças e os diversos universos sociais nos quais elas interagem, possibilita a criação de condições para que elas possam, gradativamente, desenvolver capacidades ligadas à tomada de decisões, à construção de regras, à cooperação, à solidariedade, ao diálogo, ao respeito a si mesmas e ao outro, assim como desenvolver sentimentos de justiça e ações de cuidado para consigo e para com os outros." (BRASIL, RCNEI, 1998, p. 43)

Percebe-se a importância da ação mediadora do professor de educação infantil no desenvolvimento de ações e condições para que os alunos adquiram habilidades para desenvolver a sua criticidade, defender seus interesses e saber pensar e questionar os seus princípios e direitos. Portanto, o docente tem uma grande responsabilidade em suas mãos: a de transmitir o conhecimento acumulado historicamente desde a primeira infância.

Assim como as crianças, o professor que faz a mediação da aprendizagem precisa ter em sua formação uma inserção no mundo artístico e cultural, deve ter aprimorado sua capacidade criadora e sua sensibilidade em relação aos seus saberes práticos e teóricos no campo das artes. Assim, estará ampliando suas possibilidades de fazer, conhecer e apreciar o fazer artístico das crianças.

> "É importante que o docente faça uma ponte entre o seu saber profissional e os elementos da cultura, propiciando às crianças um saber histórico contextualizado com as vivências das crianças e também com o patrimônio cultural da sociedade, estas experiências contribuirão para que a criança aprimore também o seu fazer, conhecer e apreciar das artes." (Cotidiano da Educação Infantil/Salto para o Futuro, p. 60)

A participação do sentido subjetivo da criatividade na mediação das ações do professor confirma a importância de avançarmos na compreensão da forma como a criatividade se constitui subjetivamente. Assim, o papel do professor no sentido subjetivo da criatividade desafia a noção da ação como o momento de manifestação do nível de criatividade apresentado pelo aluno quando ingressa na educação infantil.

Glossário – Unidade 2

Morfológico – descrição da forma, derivado do estudo da formação de palavras.

Parâmetros – variável ou constante à qual, em uma relação determinada, se atribui um papel particular ou distinto.

Percepção – ato ou efeito de perceber.

Reflexiva (o) – que reflete, medita, ponderada(o).

Subjetivo – existente no sujeito, individual, pessoal.

UNIDADE 3
COMPONENTES CURRICULARES: INSTITUIÇÃO, OBJETIVOS E CONTEÚDOS

Capítulo 1 A instituição, 48

Capítulo 2 Os objetivos, 58

Capítulo 3 Os conteúdos, 62

Glossário, 67

A instituição de educação infantil, de acordo com a definição de *currículo* defendida nas DCNEIs (Diretrizes Curriculares Nacionais para a Educação Infantil), é colocada como intermediária da ação e articuladora dos conhecimentos e experiências que contornam a cultura de forma mais ampla, despertando os interesses e saberes das crianças. Essa definição esclarece um importante período, que poderá, de modo renovador, aprimorar e avaliar os aprendizados vividos pelas crianças nas instituições de educação infantil.

Em virtude das transformações nas legislações, as mudanças nos cuidados com as crianças foram acontecendo e fortalecendo-se. De acordo com a LDBEN (Lei de Diretrizes e Bases da Educação Nacional – n. 9.394/96), a educação infantil, por ser a primeira etapa da educação básica, tem como finalidade o desenvolvimento integral da criança, seja em seu aspecto físico, intelectual, psicológico e/ou social, dividindo o atendimento em creches para crianças de 0 a 3 anos e, para as crianças de 4 a 5 anos, o atendimento na pré-escola.

> "A instituição de educação infantil deve tornar acessível a todas as crianças que a frequentam, indiscriminadamente, elementos da cultura que enriquecem o seu desenvolvimento e inserção social. Cumpre um papel socializador, propiciando o desenvolvimento da identidade das crianças, por meio de aprendizagens diversificadas, realizadas em situações de interação." (BRASIL, LDBEN, 1996, p. 23).

O dia a dia das instituições de educação infantil, assim como situações de convivência, aprendizagem e desenvolvimento, requer a organização de vários aspectos do processo educacional, como os objetivos e conteúdos. Tal organização deve seguir os princípios e padrões expostos pelas DCNEIs que, com a intenção de orientar e planejar a rotina das instituições, apontam um conjunto de princípios defendidos pelas partes interessadas no processo de sua elaboração e devem nortear o trabalho nas instituições de educação infantil.

1. A instituição

Uma instituição de educação infantil que se empenha por uma educação que atenda às demandas de formação humana e cultural deve garantir às crianças de 0 a 5 anos um saber sistematizado, construído por meio de relações pedagógicas entre os professores e demais envolvidos no processo educativo, garantindo o acesso dos educandos a outros níveis culturais.

Nessa interpretação, a forma como essas crianças vivenciam o mundo, estabelecem conhecimentos e manifestam anseios e curiosidades, de modo bastante típico, deve servir como referência para a determinação de fins educacionais, métodos de trabalho, gestão de unidades e relação com as famílias.

As instituições de Educação Infantil e as demais instituições educacionais nacionais, de acordo com o inciso I do artigo 3º da Constituição Federal de 1988, devem, como parte do projeto de sociedade democrática, assumir as responsabilidades na construção de uma sociedade justa, livre, solidária e que conserve o meio ambiente.

As instituições devem, ainda, de acordo com os incisos II e IV do artigo 3º da CF/88, trabalhar para que haja diminuição de desigualdades raciais, regionais e sociais, além da ascensão do bem coletivo.

Entretanto, essas obrigações a serem seguidas por todos os sistemas de ensino, inclusive a educação infantil, enfrentam uma série de desafios, tais como a desigualdade de acesso às creches e pré-escolas entre as crianças brancas e negras, ricas e pobres, urbanas e rurais. Todos os esforços se voltam a uma ação coletiva para superar essas desigualdades, principalmente as desigualdades que impedem os direitos fundamentais dos educandos, que devem ser sempre assegurados a todos, tais como o direito à qualidade da educação oferecida às crianças das instituições de educação infantil.

As DCNEIs apresentam princípios básicos (éticos, políticos e estéticos) que orientam o trabalho pedagógico envolvido com a qualidade e a concretização de chances de desenvolvimento das crianças das instituições de educação infantil. São eles:

- Princípios éticos – valorizam a autonomia, a responsabilidade, a solidariedade e o respeito ao bem comum, ao meio ambiente e às diversas culturas, identidades e singularidades.
- Princípios políticos – garantem o direito à cidadania, ao exercício da criticidade e o respeito à ordem democrática.
- Princípios estéticos – apreciam a sensibilidade, a criatividade, a ludicidade e a diversidade de revelações artísticas e culturais.

Ao assinalar formas para se colocar em prática esses princípios, o texto das DCNEIs remete à escolha de uma série de conceitos voltados a mostrar finalidades e metodologias no trabalho didático.

a) De acordo com princípios éticos, compete à instituição de educação infantil:

- garantir às crianças que manifestem suas curiosidades, desejos e interesses ao participarem das atividades educativas;
- apreciar suas produções individuais e coletivas;
- amparar a conquista de autonomia na escolha de brincadeiras e atividades para a prática de cuidados pessoais diários;
- estender as possibilidades de aprendizagem e concepção do mundo e de si próprio apresentadas pelas diferentes culturas;
- estabelecer atitudes respeitosas e solidárias;
- fortificar a autoestima e os vínculos afetuosos entre as crianças;
- combater o preconceito em suas diversas formas;
- estudar o valor de cada pessoa e dos diferentes grupos culturais;
- contrair valores, tais como a integridade e a liberdade da vida humana, a igualdade de direitos entre homens e mulheres, a solidariedade com grupos enfraquecidos e vulneráveis econômica e politicamente;
- reverenciar todas as formas de vida, o cuidado com seres vivos e a preservação dos recursos naturais.

b) Para a firmação dos princípios políticos, a instituição de educação infantil deve:
- trilhar o caminho de educar para a cidadania, analisando suas práticas educativas;
- agenciar a formação participativa e crítica das crianças;
- criar contextos que permitam às crianças a expressão de sentimentos, ideias e questionamentos;
- comprometer-se com a busca do bem estar individual e coletivo, preocupando-se com o próximo e com a coletividade;
- criar condições para que a criança aprenda a opinar e apreciar os sentimentos e a opinião dos outros sobre um acontecimento, uma reação afetiva, uma ideia, um conflito;
- garantir uma experiência bem sucedida de aprendizagem, sem discriminação, adequando oportunidades para o alcance de conhecimentos valiosos.

c) Em relação aos princípios estéticos, a instituição de Educação Infantil precisa:
- apreciar a criação e a construção de respostas particulares pelas crianças, garantindo-lhes a participação em diversos conhecimentos;
- estabelecer rotinas de situações amigáveis, instigantes, que provoquem o que cada criança já sabe, sem ameaçar sua autoestima e sem gerar competitividade;

- desenvolver possibilidades para a criança se cuidar e ser cuidada, criar, expressar-se, comunicar-se, organizar pensamentos e ideias, brincar, coexistir e trabalhar em grupo, empreender-se e buscar saídas para as dificuldades e desordens que acontecem nas várias idades;
- permitir às crianças a apropriação de diversas linguagens e saberes que rodeiam nossa sociedade, escolhidos pelo valor formativo que têm em relação aos fins deliberados no projeto político pedagógico da instituição.

Os princípios colocados anteriormente devem apoiar as práticas de Educação Infantil e defender conhecimentos como: ser solidário, respeitar, não discriminar e aprender por que tudo isso é importante. Tomando essa direção, as técnicas habituais nas instituições de educação infantil devem:

- aprovar a indivisibilidade e a integralidade das influências afetivas, **cognitivas**, éticas, **estéticas**, expressivo-motoras, **linguísticas** e socioculturais das crianças;
- assinalar nos conhecimentos de aprendizagem que se espera administrar junto às crianças;
- concretizar experiências que garantam as metas educacionais de seu projeto pedagógico.

A instituição de educação infantil precisa conhecer a comunidade atendida e a sua pluralidade cultural, pois ela irá compor o ambiente da creche e da pré-escola, as contribuições familiares, as crenças, manifestações e o modo de vida das crianças, que devem ser vistas como seres reais e colocadas em espaços e grupos culturais específicos.

Isso torna a gestão democrática mais forte, um componente indispensável da Proposta Curricular da Educação Infantil, uma vez que é por meio dela que a instituição se abre para a comunidade, aceita a sua entrada e permite a sua parceria na elaboração, acompanhamento e avaliação, com a participação coletiva de professores, demais profissionais da instituição e famílias, tendo em vista o Projeto Educativo da instituição educacional.

A meta principal do trabalho pedagógico na instituição de educação infantil é amparar, desde cedo, as crianças ao longo de suas experiências diárias, na construção de uma relação positiva com a instituição educacional, no fortalecimento de sua autoestima, importância e curiosidade pela percepção do mundo, na intimidade com diversas linguagens, na aprovação e acolhimento das crianças e suas diferenças.

Ainda segundo as DCNEIs, desses pontos derivam algumas condições para a organização das Propostas Curriculares das instituições de educação infantil. São elas:

- garantir a educação de modo integral, compreendendo o cuidado como algo inseparável do processo educativo;

- combater o racismo e as discriminações étnico-raciais, de gênero, religiosas e socioeconômicas;

- aceitar as culturas plurais que compõe o espaço da creche e da pré-escola, o apoio familiar e a comunidade, suas manifestações e religiões;

- criar formas de atendimento ligadas aos saberes e às especificidades culturais, **étnicas**, linguísticas e religiosas de cada comunidade;

- oferecer atenção cautelosa e inegável às possíveis formas de violação da dignidade da criança;

- exercer o dever do Estado com a garantia de uma experiência educativa de qualidade para todas as crianças matriculadas na instituição de educação infantil.

A demanda pedagógica é tratada levando-se em conta que, de acordo com o artigo 22 da LDB, a educação infantil é parte da educação básica. Com isso, suas Propostas Curriculares devem estar adequadamente relacionadas às crianças em cada etapa e faixa etária oferecida pelas instituições de educação infantil:

- Berçário;
- Maternal;
- Jardim I;
- Jardim II;
- Pré-escola.

> *PARA SABER MAIS! Art. 22 da LDBEN (Lei de Diretrizes e Bases da Educação Nacional – Lei n. 9.394/96). A educação básica tem por finalidades desenvolver o educando, assegurar-lhe a formação comum indispensável para o exercício da cidadania e fornecer-lhe meios para progredir no trabalho e em estudos posteriores.*

Existe uma visão (errada) de que as crianças do berçário e do maternal (faixa etária de 0 a 2 anos) são seres passivos e sem autonomia, precisando, por isso, de cuidados constantes. A professora Patrícia Maria Takada, da Secretaria de Educação do Município de São Paulo, afirma que: "O cuidar e o educar são indissociáveis. O cuidado físico está inserido em um contexto. E o berçário tem de cumprir, também, o papel educacional".

Hoje em dia, o "professor" de berçário não é apenas um "cuidador", ele deve estar preparado para lidar com as crianças desta faixa etária. Portanto, não basta apenas trocar a fralda, dar banho e/ou colocar para dormir. "Experiências significativas" devem ser elaboradas, com atividades planejadas para aprimorar o desenvolvimento **psicomotor**, cognitivo e social da criança, com atividades lúdicas (histórias, músicas, brincadeiras, dramatizações, etc.), tornando-as desde cedo protagonistas de suas aprendizagens.

A professora Patrícia Maria Takada lembra que nem sempre um visual atraente, com uma bonita decoração, diz muito sobre o berçário. "O mais importante é o processo, ou seja, como se desenrolará a relação com a criança e também com os pais".

A seguir, apresentamos seis elementos essenciais que uma instituição de educação infantil que atende o Berçário e o Maternal deve considerar.

1. Espaços diversificados:
   - espaço para a criança brincar e ter contato com outras crianças;
   - refeitório próprio e muito limpo;
   - lugar de repouso para que a criança possa descansar com sossego;
   - local onde as crianças possam brincar ao ar livre.

2. Brinquedos adequados: brinquedos de acordo com a faixa etária da criança e que a desafiem, fazendo-a avançar no desenvolvimento de suas aprendizagens.

3. Socialização: os bebês aprendem ao interagir com outras crianças de sua idade e/ou mais velhas.

4. Educadores preparados: com formação específica para cada faixa etária, que interajam com as crianças, além de realizar os cuidados básicos de higiene.

5. Ambiente arejado e seguro: o ambiente deve ter iluminação natural e decoração atraente. O ambiente deve ser bonito, acolhedor e estimulante. No chão, deve haver almofadas e caixas de brinquedos. O cuidado com a higienização de todas as áreas é fundamental.

6. Bom relacionamento com os pais: deve haver um canal aberto de comunicação entre pais e educadores, para compartilharem experiências com e sobre as crianças.

Jardim I e Jardim II: de 3 a 4 anos de idade

Os primeiros quatro anos de vida do ser humano compõem um período muito especial de aprendizado. Ainda "recém-chegada", a criança está cheia de curiosidade e possui um enorme potencial para assimilar conteúdos bem diversificados.

Nessa faixa etária, a relação de parceria na turma alcança a condição de amizade, vivida, em alguns momentos, com prazer, e, em outros, com desconforto. O vínculo entre as crianças se manifesta quando elas compartilham objetos da escola, disputam brinquedos, espaços e a atenção do adulto.

Pré-escola: 5 anos de idade

Nesta faixa etária, os vínculos das crianças com seus colegas se ampliam. Com uma convivência social mais

intensa, são gerados conflitos e situações de disputa, que devem ser mediados pela professora, sempre incentivando o uso da linguagem verbal. As crianças passam, então, a reconhecer o valor dos acordos coletivos.

Ações como dividir, esperar e negociar passam a ser exigências do dia a dia escolar. Ao longo do ano, as crianças vão aprendendo que o desejo individual é dependente das possibilidades da vida coletiva e que, no decorrer desse período, elas terão que se adaptar com vivências de companheirismo, solidariedade, reciprocidade e respeito.

A segurança e a confiança que as crianças estabelecem com os colegas são somadas à deferência que elas demonstram pelo saber da professora, representante do vasto mundo de conhecimentos. O conhecimento, por sua vez, gera, ao mesmo tempo, temor e atração.

Passam a perceber que, ao contrário do que pensavam anteriormente, não sabem tudo e que há muito o que aprender. A evolução das crianças nas aprendizagens formais dependerá de quanto elas se sentem seguras para expressar o que sabem, discutir e refletir.

Participam de brincadeiras e jogos que envolvem dançar, correr, subir, descer, escorregar, pendurar-se e movimentar-se, a fim de ampliar o conhecimento e o controle sobre o seu corpo e o movimento. Deve haver o incentivo constante nas atividades das quais participam, para que utilizem recursos de deslocamento e das habilidades de força, velocidade, resistência e flexibilidade.

Ainda nessa idade, a coordenação motora é ampla e o equilíbrio progride. Adquirem mais precisão dos gestos instrumentais, cada vez mais ajustados a cada objeto: uso do garfo nas refeições; manuseio seguro de lápis, pincéis e canetas; domínio das ações para vestir-se, despir-se e calçar-se. Existe, agora, o aperfeiçoamento das habilidades motoras finas: uso da tesoura, desenho com lápis de pontas mais finas e pintura com pincéis de espessuras variadas.

As instituições de ensino, sejam elas de educação infantil, ensino fundamental ou ensino médio, precisam conhecer e considerar as mudanças que estão ocorrendo na sociedade, seus contornos culturais, socioeconômicos e sociais, e que essas mudanças afetam o desenvolvimento das crianças, considerando que cada educando tem seu ritmo próprio de lidar com as transformações que acontecem no decorrer de suas vidas.

A instituição de educação infantil precisa ter consciência de sua função de formadora de seres humanos, protagonistas de sua história. Para tanto, se faz necessário um resgate ético do reconhecimento familiar no processo ensino-aprendizagem.

É preciso garantir uma aprendizagem contínua e permanente, ampliando o relacionamento entre as famílias, criando espaços de participação no dia-dia escolar e gerando um ambiente mais acolhedor, que favoreça o desenvolvimento emocional e intelectual das crianças.

A instituição que deseja ampliar os vínculos com as famílias não pode deixar de considerar os seus aspectos sociais, pois as crianças trazem de casa suas formas de comportamento, tais como gestos, vestimentas e palavras, que por sua vez determinam suas identidades. Portanto, a escola deve ter um olhar diferenciado sobre essas características da criança, para convocar uma participação que envolva desafios que ajudem na construção do caráter do educando.

Ao lado da instituição escolar, a família introduz os alunos em um ambiente socializante, em confronto com a realidade da comunidade, voltado para a formação de um cidadão consciente e crítico. Nesse momento, a escola usa a educação como aliada da família, aceitando e moldando culturas e costumes para uma melhor percepção dos seus direitos e deveres, pois nenhuma das duas instituições sozinha conseguirá dar conta da educação, seja ela cultural ou formal. Em vista disso, o segredo é dividir responsabilidades: a família com a consolidação de valores próprios de sua cultura e a escola com sua proposta pedagógica sob as formas de ensinar e formar.

Finalmente, há de se considerar que, no planejamento das Propostas Curriculares das instituições de educação infantil, compreender a criança e acompanhar seu desenvolvimento em cada etapa e faixa etária denota também compreender seus grupos culturais e, em particular, suas famílias. Com isso, preenche-se um importante papel na formação da personalidade da criança.

2. Os objetivos

As novas DCNEIs expõem os objetivos gerais que devem ser considerados função sociopolítica e pedagógica das instituições de educação infantil. Tais objetivos repercutem grande parte das discussões na área e assinalam o rumo que se deseja para o trabalho com as crianças que estão na educação infantil. As novas DCNEIs foram fixadas por meio da Resolução n. 5/2009 que, em seu artigo 7º, determina como objetivos:

> "Art. 7º: Na observância destas Diretrizes, a proposta pedagógica das instituições de Educação Infantil deve garantir que elas cumpram plenamente sua função sociopolítica e pedagógica:
>
> I – oferecendo condições e recursos para que as crianças usufruam seus direitos civis, humanos e sociais;
>
> II – assumindo a responsabilidade de compartilhar e complementar a educação e cuidado das crianças com as famílias;
>
> III – possibilitando tanto a convivência entre crianças e entre adultos e criança quanto à ampliação de saberes e conhecimentos de diferentes naturezas;

IV – promovendo a igualdade de oportunidades educacionais entre as crianças de diferentes classes sociais no que se refere ao acesso a bens culturais e às possibilidades de vivência da infância;

V – construindo novas formas de sociabilidade e de subjetividade comprometidas com a ludicidade, a democracia, a sustentabilidade do planeta e com o rompimento de relações de dominação etária, socioeconômica, étnico-racial, de gênero, regional, linguística e religiosa." (BRASIL, Resolução n. 05, de 17 de dezembro de 2009, p. 2)

Nesse artigo, foram unificados objetivos estabelecidos em diferentes áreas e momentos históricos, porém harmonizados em uma visão inovadora e estimulante do processo educacional. Nesse caso, a questão da família foi contemplada, ao lado da questão da criança como um sujeito de direitos garantidos, incluindo o direito, desde seu nascimento, a uma educação de qualidade, não só em seu lar, mas também nas instituições escolares.

O foco desse trabalho vai direto ao desenvolvimento de conhecimentos e saberes, de modo a originar identidade de conveniências educacionais aos educandos de distintas classes sociais, e ao compromisso que proporcione às crianças compreenderem-se como pessoas assinaladas pelas ideias de democracia e justiça social, apropriando-se de costumes de respeito às outras pessoas e lutando contra toda e qualquer forma de exclusão social.

Na consistência dessas metas:

"Art. 8º: A proposta pedagógica das instituições de Educação Infantil deve ter como objetivo garantir à criança acesso a processos de apropriação, renovação e articulação de conhecimentos e aprendizagens de diferentes linguagens, assim como o direito à proteção, à saúde, à liberdade, à confiança, ao respeito, à dignidade, à brincadeira, à convivência e à interação com outras crianças." (BRASIL, Resolução n. 05, de 17 de dezembro de 2009, p. 2)

Já o RCNEI (Referencial Curricular Nacional para a Educação Infantil) expõe que os objetivos dos Componentes Curriculares de Educação Infantil devem especificar finalidades educativas e definir capacidades que as crianças poderão desenvolver como consequência de ações intencionais do professor. A partir dessas intenções, deverá ser feita uma seleção de como usarão e quais serão os conteúdos e os meios didáticos em termos de capacidades.

Desse modo, o professor aumenta a possibilidade de acolher as crianças em sua diversidade, podendo apreciar diversas capacidades, interesses e costumes, ao desenvolver as habilidades de cada uma.

É importante, também, que o professor entenda claramente que capacidades deseja desenvolver em seus alunos, seja de ordem afetiva, cognitiva ou motora. Para desenvolver essas capacidades, o professor precisa ter um olhar diferenciado para cada aluno, a fim de atendê-los dentro de suas singularidades.

Ainda que as crianças ampliem suas diferentes habilidades, o ensino tem por função criar condições para o desenvolvimento integral de todas as crianças, considerando as possibilidades de aprendizagem que apresentam nas diferentes faixas etárias. Para que isso ocorra, faz-se necessária uma atuação que propicie o desenvolvimento de capacidades de ordem afetiva, cognitiva, ética, estética, física, de relação interpessoal e inclusão social.

> "As capacidades de ordem física estão associadas à possibilidade de apropriação e conhecimento das potencialidades corporais, ao autoconhecimento, ao uso do corpo na expressão das emoções, ao deslocamento com segurança. As capacidades de ordem cognitiva estão associadas ao desenvolvimento dos recursos para pensar, o uso e a apropriação de formas de representação e comunicação envolvendo resolução de problemas. As capacidades de ordem afetiva estão associadas à construção da autoestima, às atitudes no convívio social, à compreensão de si mesmos e dos outros.
>
> As capacidades de ordem estética estão associadas à possibilidade de produção artística e apreciação desta produção oriundas de diferentes culturas. As capacidades de ordem ética estão associadas à possibilidade de construção de valores que norteiam a ação das crianças. As capacidades de relação interpessoal estão associadas à possibilidade de estabelecimento de condições para o convívio social. Isso implica aprender a conviver com as diferenças de temperamentos, de intenções, de hábitos e costumes, de cultura etc. As capacidades de inserção social estão associadas à possibilidade de cada criança perceber-se como membro participante de um grupo, de uma comunidade e de uma sociedade. Para que se possa atingir os objetivos é necessário selecionar conteúdos que auxiliem o desenvolvimento destas capacidades." (BRASIL, RCNEI, 1998, p. 48)

Objetivos específicos

Cada etapa do ensino da educação infantil, desde o berçário até a pré-escola, deve seguir objetivos específicos para o atendimento às crianças, sempre atendendo às faixas etárias de cada etapa.

Berçário

- aprimorar o desenvolvimento cognitivo, psicomotor e social da criança;
- trabalhar com atividades lúdicas (histórias, músicas, brincadeiras, dramatizações etc.);

- estimular o desenvolvimento físico-motor, pois, aos poucos, o bebê adquire consciência dos limites do seu corpo;
- proporcionar o convívio com outras crianças, por meio de brincadeiras coletivas;
- apresentar materiais coletivos que auxiliam no processo de socialização;
- favorecer o desenvolvimento de várias formas de expressão e comunicação não verbal;
- estimular o surgimento da linguagem oral, tendo em vista a expressão dos desejos de interação.

Maternal

- explorar atividades que desenvolvam a criança em seu aspecto físico, social, psicológico e cognitivo;
- estimular a linguagem oral por meio de histórias, dramatizações, canções e brincadeiras, respeitando sempre as diferenças individuais;
- privilegiar a comunicação e o brincar com outras crianças, ofertando múltiplos brinquedos diversos para aprimorar tal interação;
- apresentar o mundo letrado às crianças (embora já estejam inseridas desde nascidas, por meio de ações anteriormente citadas, elas vão desenvolvendo uma nova concepção na linguagem oral e também na escrita).

Jardim I

- desenvolver nas crianças os princípios básicos do esquema corporal;
- ampliar a orientação espacial, a organização temporal, do ritmo e da coordenação viso-motora;
- buscar o desenvolvimento da linguagem como forma de comunicação;
- introduzir o reconhecimento e a compreensão do nome (ponto de partida para a aprendizagem da leitura e escrita);
- trabalhar, com materiais concretos, o raciocínio lógico e matemático;
- usar as atividades lúdicas para a estruturação do psiquismo da criança;

Jardim II

- desenvolver integralmente a criança por meio de uma evolução harmoniosa nos aspectos biológico, físico-motor, cognitivo e afetivo-emocional;
- trabalhar a coordenação motora para o preparo da escrita;
- buscar o desenvolvimento da linguagem como forma de comunicação e ampliação do pensamento;

- trabalhar a pronúncia correta dos fonemas;
- efetivar a linguagem oral e escrita, por meio de trabalhos de leitura e escrita dos mais variados gêneros literários;
- procurar desenvolver conceitos básicos de cidadania, respeito mútuo, cooperação e colaboração de todos os membros da instituição escolar e familiar;
- mostrar a importância e o cuidado com a natureza;
- trabalhar o raciocínio lógico e matemático também com materiais concretos para o melhor desenvolvimento e compreensão das crianças;
- inteirar e integrar a fantasia e alegria das atividades lúdicas.

Pré-escola

- visar o pleno desenvolvimento da criança em sua forma integral nos aspectos biológico, psicológico, cognitivo e físico-motor;
- enfatizar a coordenação motora escrita, a alfabetização da criança por meio da construção da linguagem escrita e oral;
- relacionar os sons e as letras e sua utilização efetiva no mundo letrado;
- utilizar os mais variados gêneros literários, sempre de forma harmoniosa e lúdica;
- propor o desenvolvimento do raciocínio lógico matemático e o domínio das quantidades numéricas, suas relações e efetivas aplicações no meio social;
- continuar trabalhando o lúdico como parte integrante do aprendizado dos alunos (com as brincadeiras, as crianças exploram suas habilidades, aprimorando e desenvolvendo as competências cognitivas e interativas).

3. Os conteúdos

Os diferentes processos de aprendizagem acontecem por meio de contínuas reorganizações do conhecimento e esse processo tem como protagonistas as crianças, que vivenciam experiências através de conteúdos apresentados e associados à práticas sociais reais.

Vale ressaltar que não existe aprendizagem sem conteúdos. Estudos e pesquisas realizadas sobre produções teóricas, principalmente durante as duas últimas décadas, apontam a importância das aprendizagens específicas para os processos de desenvolvimento e socialização do ser humano, revendo o papel dos conteúdos nos processos de aprendizagem.

"Muitas das pautas culturais e saberes socialmente constituídos são aprendidos por meio do contato direto ou indireto com atividades diversas, que ocorrem nas diferentes situações de convívio social das quais as crianças participam no âmbito familiar e cotidiano." (BRASIL, RCNEI, 1998, p. 48)

O planejamento dessas situações envolve a seleção de conteúdos específicos a cada uma das aprendizagens. Nessa sentido, o RCNEI (Referencial Curricular Nacional para a Educação Infantil) idealiza os conteúdos como a concretização das finalidades da instituição de ensino e como um meio para que as crianças desenvolvam suas capacidades e experimentem sua maneira própria de pensar, sentir e ser, expandindo suas hipóteses acerca do mundo em que estão inseridas e estabelecendo-se como um instrumento para a compreensão da realidade.

Os conteúdos compreendem conceitos, princípios e conhecimentos relacionados a atitudes, procedimentos, valores e normas como componentes de aprendizagem. A especificação de conteúdos de classes distintas assinala a necessidade de se trabalhar de forma intencional e agregada a conteúdos que, por vezes, não são tratados de forma consciente.

Essa abordagem deve ser didática, ressaltando a importância em se dar um tratamento adequado a diferentes conteúdos, aparelhando o planejamento do professor, para que se possam considerar as seguintes categorias: conteúdos conceituais, procedimentais e atitudinais.

Conteúdos conceituais – envolvem o conhecimento de conceitos, fatos e princípios e referem-se à construção ativa das capacidades para operar com símbolos, ideias, imagens e representações que permitem atribuir sentido à realidade. Desde os conceitos mais simples até os mais complicados, a aprendizagem acontece por meio de um processo de constantes partidas e chegadas, progressos e retrocessos, nos quais as crianças estabelecem ideias temporárias, expandem e alteram, aproximando-se gradativamente de considerações cada vez mais precisas. Deve-se esclarecer que é possível que as crianças absorvam alguns conteúdos conceituais durante a educação infantil. Outros, por sua vez, demorarão mais para serem construídos, ou seja, muitos conteúdos devem ser trabalhados com o simples objetivo de gerar associações a determinados conhecimentos, como contribuir para elaboração de hipóteses e manifestação de formas originais de expressão.

Conteúdos procedimentais – referem-se ao "saber fazer", em que a aprendizagem de metodologias está inteiramente pautada à possibilidade de a criança estabelecer caminhos e ferramentas que lhe permitam a prática de suas ações. A aprendizagem de conteúdos procedimentais é um importante elemento para o desenvolvimento das crianças, por relacionar-se com a tomada de decisões. Portanto, para desenvolver conteúdos procedimentais, torna-se necessário adequar as "ferramentas" da cultura humana indispensáveis à vida. Com referência à educação infantil, saber manejar corretamente os objetos de uso diário é um procedimento fundamental, que visa a responder às necessidades imediatas da criança, para sua introdução no mundo. Para que as crianças possam praticar a cooperação, o respeito e a solidariedade, torna-se imperativo que aprendam métodos importantes relacionados às formas de colaborar com o grupo, como ajudar e pedir ajuda etc. Deve-se considerar que a aprendizagem de conteúdos procedimentais será, por vezes, trabalhada de forma unificada com os conteúdos conceituais e atitudinais.

Conteúdos atitudinais – tratam de atitudes, normas e valores, tornando-os claros e de fácil compreensão para as crianças, capazes de serem estudados e projetados. As instituições de ensino, inclusive as de educação infantil, têm a função básica de socializar; por esse motivo, têm sido sempre um conjunto causador de atitudes. Os valores devem penetrar na prática educativa e ser absorvidos pelas crianças, mesmo que não sejam considerados conteúdos a serem trabalhados de forma conscienciosa e propositada. A aprendizagem de conteúdos atitudinais sugere uma prática lógica, em que as atitudes, as normas e os valores que se pretendem trabalhar estejam presentes desde os relacionamentos entre as pessoas, passando pela forma de organização da instituição, até a escolha dos conteúdos. Para que as crianças aprendam conteúdos atitudinais, é necessário que o professor e todos os profissionais que trabalham na instituição pensem sobre os valores que são transmitidos diariamente e os valores que se pretendem desenvolver, significando uma posição clara sobre o quê e como se aprende nas instituições de educação infantil. Porém, por mais que se tenha a intenção de trabalhar com atitudes, normas e valores, nenhuma instituição dá conta da totalidade do que deve ser ensinado. Isso denota que parte do que as crianças aprendem não é ensinado de forma consciente e metódica, sendo, geralmente, aprendida de forma incidental. Isso aumenta a responsabilidade da instituição, em relação às atitudes, normas e valores cultivados por todos os envolvidos.

Organização dos conteúdos

Os conteúdos são organizados nas diversas linhas de trabalho. Essa organização propõe considerar as dimensões efetivas de cada linha de trabalho e situar os diferentes conteúdos de aprendizagem dentro de um conjunto organizado, de forma a apontar a sua "origem", por um lado, e especificar seus teores, por outro. *Exemplo*: o professor, ao ler uma história para as crianças, deve saber que, além de trabalhar a leitura, está trabalhando, também, a fala, a escuta e a escrita. Quando organiza uma atividade de percurso, está trabalhando a percepção do espaço, o equilíbrio e a coordenação da criança.

Na intenção de conduzir sua ação de forma conscienciosa, o professor é amparado pelo conhecimento, que expande as suas perspectivas de trabalho. Embora sejam elencados por linhas de trabalho, muitos conteúdos são considerados em mais de uma linha. Essa opção aponta para o tratamento integrado que deve ser dado aos conteúdos. Cabe ao professor estabelecer um planejamento de forma a fazer prevalecer as possibilidades que cada conteúdo apresenta, não limitando o trabalho em uma única linha de desenvolvimento, o que limita o conhecimento.

Seleção de conteúdos

Os conteúdos de aprendizagem são selecionados de modo a colaborar com o desenvolvimento das capacidades colocadas como objetivos gerais. Contudo, avaliando as propriedades de cada grupo de crianças e suas necessidades, caberá ao professor acomodá-los de forma que sejam expressivos para as crianças.

Exemplo: o professor, visando ao desenvolvimento de determinadas capacidades, poderá priorizar determinados conteúdos, trabalhando-os em diferentes momentos do ano e voltando a eles para desenvolvê-los cada vez mais.

As possibilidades de seleção de conteúdos são múltiplas, e os critérios para escolhê-los devem se conectar ao grau de sentido que têm para as crianças. O professor deve analisar as possibilidades que os conteúdos proporcionam para o avanço da ação de aprendizagem e para o aumento de conhecimentos que aprova.

Integração dos conteúdos

Os conteúdos são integrados como ferramentas para considerar a realidade, não sendo um fim em si mesmos. Para que as crianças compreendam a realidade e enriqueçam sua percepção sobre ela, os conteúdos devem ser trabalhados de forma integrada. Essa integração permite que a realidade seja considerada por diversos aspectos, sem fracioná-la.

Exemplo: um simples passeio pela rua deve oferecer informações referentes à: análise de fenômenos da natureza, assimilação de particularidades de diversos grupos sociais, presença de animais, ao contato com a escrita e os números presentes nas casas, placas etc., no contexto de cada elemento. O mesmo passeio pode abranger aprendizagens coerentes à socialização, movimenta anseios e sentimentos, estabelecendo uma atividade que cooperará para o desenvolvimento das crianças.

Quando os conteúdos necessitam de uma continuidade, devem-se propor atividades constantes que respondam às necessidades fundamentais de aprendizagem, cuidados e prazer para as crianças. As escolhas desses conteúdos definem o tipo de atividade permanente a ser realizada, regularmente, com frequência diária ou semanal, em cada grupo de crianças, dependendo das preferências elencadas a partir da proposta curricular.

Consideram-se atividades constantes:

- brincadeiras no espaço interno e externo;
- roda de histórias;
- roda de conversas;
- ateliês ou oficinas de desenho, pintura, modelagem e música;
- atividades diversificadas em ambientes organizados por temas;
- uso de materiais à escolha da criança;
- momentos para que as crianças possam ficar sozinhas (se desejarem);
- cuidados com o corpo.

Ao se pensar nos conteúdos para uma Proposta Curricular de Educação Infantil, deve-se levar em conta não apenas a quantidade de horas que a criança passa na instituição, como também a idade em que começou a frequentá-la e quanto tempo ainda tem pela frente. Tais questões influem na seleção dos conteúdos a serem trabalhados com as crianças e na articulação da Proposta Curricular, de modo a assegurar um número de conhecimentos diversificados a todas as crianças que frequentam a instituição de educação infantil.

Muitas dessas instituições de educação infantil se incumbem da tarefa complicada de receber crianças de qualquer idade e em qualquer tempo, sendo possível que essas crianças ingressem na creche ou na pré-escola com seis meses, dois anos ou cinco anos. Essas são as instituições que geram mais flexibilidade em relação às propostas pedagógicas, aos objetivos e conteúdos educacionais.

Buscando, cada vez mais, um maior e melhor desempenho, as instituições de educação infantil têm como fundamento realizar um trabalho de envolvimento das famílias no seu dia a dia, visando ao desenvolvimento da criança com atividades inteiramente direcionadas na educação infantil. Os pais, por sua vez, querem se sentir seguros em relação aos objetivos e conteúdos desenvolvidos pela instituição.

Glossário – Unidade 3

Cognitivas – refere-se à capacidade de adquirir ou de absorver conhecimentos.

Estéticas – concernente ao sentimento do belo: senso estético.

Étnicas – relativo à etnia, ao povo: influências étnicas.

Linguística – ciência que estuda a linguagem humana.

Psicomotor – do comportamento da criança relativo à aquisição dos reflexos.

UNIDADE 4
O PROJETO EDUCATIVO A PARTIR DAS PROPOSTAS CURRICULARES NA EDUCAÇÃO INFANTIL

Capítulo 1 A questão histórica, 70

Capítulo 2 A alfabetização, 75

Capítulo 3 A avaliação, 80

Glossário, 85

Referências, 86

Projeto Educativo é definido como o projeto macro da escola, ou seja, é um conjunto de opções ideológicas, políticas, antropológicas e pedagógicas, demonstrado em trabalhos articulados e coletivos, envolvendo a gestão democrática. Esta, por sua vez, deve debater suas Propostas Curriculares, preparando projetos educativos que a referendam em termos de atuação social dentro da comunidade em que está inserida em um processo de comunicação e cooperação.

Com isso, a instituição está interagindo com a sua própria realidade, aproximando-se da comunidade e vice-versa, gerando um autêntico desenvolvimento social. É importante que essas suposições sejam claras, conscientemente assumidas pela escola e registradas em seu Projeto Educativo, tanto para orientar e integrar o trabalho dos educadores como para deixar transparente para os pais que tipo de educação será oferecida a seus filhos.

Através do Projeto Educativo, a escola procura realizar sua missão educativa, estabelecida pelas leis e determinações educacionais do país, concretizada através de prioridades coletivas e operações setoriais que fazem parte de suas Propostas Curriculares.

Portanto, a elaboração da Proposta Curricular de cada instituição baseia-se em um dos elementos do projeto educativo e deve ser fruto de um trabalho coletivo. Elaborar e implantar um projeto educativo requer das equipes de profissionais das instituiçes um grande esforço conjunto. A direção da instituição tem um papel chave nesse processo, ao auxiliar a criação de um clima democrático e pluralista, devendo estimular e abrigar as participações de todos, de modo a possibilitar um projeto que analise de modo claro as divergências e as perspectivas das crianças, pais e comunidade.

1. A questão histórica

Em seu livro *The School of Infancy*, Comenius (1592-1670) já abordava a ideia de educar crianças menores de seis anos de idade, independente de sua condição social. No livro, o autor propunha a existência de um nível inicial de ensino, que seria o "colo da mãe". Defendia que o processo de aprendizagem tivesse início nos sentidos da criança e na manipulação de objetos, passeios e outras atividades (de acordo com as suas faixas etárias), o que resultaria em impressões sensoriais que inconscientemente seriam incorporadas na razão e interpretadas de modo apropriado no futuro.

No entanto, a influência exercida pelos reformadores religiosos da época, que pregavam uma educação severa, moral e de subordinação às autoridades, resultou em um planejamento do tempo nas escolas, com uma rotina de atividades diárias, sempre com base na autodisciplina.

Em oposição às ideias da Reforma e Contrarreforma religiosas, as colocações de Rousseau (1712-1778) abordavam a necessidade de as crianças passarem desde cedo por situações que estivessem de acordo com seu ritmo e sua maturidade. Em vez de se disciplinar externamente a criança, propunha-se que ela fosse exposta à liberdade, em contato com a natureza.

Pestalozzi (1746-1827), influenciado pelas ideias de Rousseau, sugeriu modificações nos métodos de ensino, em particular na escola elementar, formalizando ainda o treinamento para os professores. Ele defendia que a educação deveria ser a mais natural possível, com disciplina, mas de forma apropriada, não autoritária, o que contribuiria para que o caráter da criança se desenvolvesse. Pestalozzi recomendava às crianças atividades de música, arte, soletração e contato com a natureza, sendo o responsável por levar adiante a ideia de organização proporcional do conhecimento, assim como Rousseau e, antes deste, Comenius.

Discípulo de Pestalozzi, *Fröbel* (1782-1852) desenvolveu as ideias de educação pré-escolar, no conjunto das novas influências ideológicas e teóricas, a saber, o liberalismo e o nacionalismo. Entusiasmado por um ideal político de liberdade e uma expectativa emblemática, ele recomendou a criação dos jardins de infância.

Nos jardins de infância, prevaleceriam atividades geradas conforme o desejo e interesse das crianças, de acordo com o poder de criação que havia em cada uma. Atividades de cooperação e livre expressão através da música, gestos, manejo de objetos, criações com papel, argila, blocos, recortes, dobraduras, jogos livres e canções permitiriam que as crianças expusessem seu "mundo interno".

Maria Montessori (1870-1952) destaca-se pela criação de materiais adequados à exploração sensorial pelas crianças, de acordo com cada finalidade educacional. Foi dela a ideia de que os móveis usados pelas crianças nas pré-escolas deveriam ser menores, inclusive os objetos usados para brincar. Montessori foi alvo de críticas, pois achavam que não havia por parte dela a preocupação com a formação do ser social, gerando a desatualização de sua proposta de ensino, em contraponto ao método Declory (1871 – 1932).

Porém, apenas no inicio do século XX é que a concepção de pré-escola foi criada, com base no "educar e cuidar", cuja maior preocupação além da pobreza era o abandono de crianças, o que estimulou a criação de instituições que atendessem crianças acima dos três anos, filhos de mães operárias.

Após isso, alguns fatores fundamentais como a industrialização, o trabalho infantil e o moralismo da classe média foram identificados na expansão da pré-escola europeia e americana, substituídos por teorias que instigavam o desenvolvimento das crianças desde o seu nascimento, criando um novo sistema de ideias.

No Brasil, a ideia **assistencialista** de pré-escola por muito tempo dependeu da classe social das crianças atendidas. Enquanto as crianças de famílias pobres tinham o atendimento voltado para a satisfação de suas necessidades de alimentação, guarda e higiene, as crianças da classe média eram atendidas de acordo com suas necessidades afetivas e cognitivas.

Exatamente a partir da procura pelo atendimento de creches e pré-escolas por parte das classes mais privilegiadas foi que as instituições de educação infantil receberam força e reconhecimento suficientes para difundir a discussão de uma proposta pedagógica, comprometida com o desenvolvimento das crianças menores, assim como a sua construção de conhecimento.

Os movimentos feministas e operários das décadas de 1970 e 1980 proporcionaram um movimento em luta pela democratização da educação pública brasileira, conquistada através da Constituição Federal de 1988 (CF/88), com o reconhecimento da educação em creches e pré-escolas como um direito da criança e um dever do Estado.

Ao educar, ainda nos tempos atuais, nos deparamos com duas formas diferenciadas de pensar as crianças que frequentam a Educação Infantil de 0 a 5 anos. As crianças advindas das classes menos favorecidas, que carregam sua identidade e cultura advindas do meio social, e as crianças de classe social mais beneficiada, que carregam consigo o perfil de possuidoras de mais conhecimento e cultura.

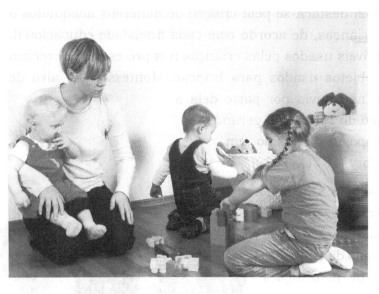

A educação de 0 a 3 anos, que acontece nas creches, fica próxima à educação que é dada pela família, centrada na transmissão de atitudes e valores e no desenvolvimento de hábitos, ao passo que na educação oferecida às crianças de 4 e 5 anos na pré-escola existe toda uma preocupação na forma de pensar, sentir e no fazer das crianças.

Na educação de 0 a 5 anos a aprendizagem da criança precisa ser pensada a partir das inter-relações que são criadas em parceria com outras crianças e entre seus pares adultos, relações essas que favoreçam o desenvolvimento dos conhecimentos adquiridos através da percepção e memorização, quando conseguem expor suas vontades e sentimentos, sendo que o seu processo educativo acontece de forma lúdica e autônoma.

Assim, educar, segundo os RCNEI (Referencial Curricular Nacional para a Educação Infantil) é:

> "Educar significa, portanto, propiciar situações de cuidados, brincadeiras e aprendizagens orientadas de forma integrada e que possam contribuir para o desenvolvimento das capacidades infantis de relação interpessoal, de ser e estar com os outros em uma atitude básica de aceitação, respeito e confiança, e o acesso, pelas crianças, aos conhecimentos mais amplos da realidade social e cultural. Neste processo, a educação poderá auxiliar o desenvolvimento das capacidades de apropriação e conhecimento das potencialidades corporais, afetivas, emocionais, estéticas e éticas, na perspectiva de contribuir para a formação de crianças felizes e saudáveis." (BRASIL, RCNEI, 1998, p. 21)

O caminho da educação infantil no Brasil estabilizou-se a partir da CF/88 e da LDBEN (Lei de Diretrizes e Bases da Educação Nacional – n. 9.394/96), que reconheceram as creches e pré-escolas para crianças de 0 a 5 anos como parte da educação básica do sistema educacional brasileiro.

As creches, assim como as escolas maternais e os jardins de infância, surgiram no Brasil a partir de um modelo de educação europeia no inicio do século XX, quando, em 1922, foi realizado no Rio de Janeiro o 3º Congresso Americano da Criança, que, junto com o 1º Congresso Brasileiro de Proteção à Infância, estabeleceu a transferência da influência europeia para o modelo americano de educação.

Desde essa época até a década de 1970, as legislações de educação infantil passaram por processos lentos de expansão, atendendo a área educacional de forma indireta, ao lado de órgãos de assistência e saúde e crianças de 4 e 5 anos.

A legislação trabalhista de 1932 estabelecia a instalação de creches em estabelecimentos com mais de 30 funcionárias, o que foi como um tiro na água. As poucas empresas que recebiam filhos de trabalhadoras estabeleciam a instalação de creches e as crianças desde o berçário.

Já em nível federal, foi criada, em dezembro de 1932, a Inspetoria de Higiene Infantil, substituída, em 1934, pela Diretoria de Proteção à Maternidade e à Infância, criada no ano anterior à Conferência Nacional de Proteção à Infância.

Três anos depois, em 1937, o Ministério dos Negócios da Educação e Saúde Pública passou a se chamar Ministério da Educação e Saúde, e, consequentemente, a Diretoria criada em 1934 passou a atender como Divisão de Amparo à Maternidade e à Infância.

Em 1940, criou-se o DNCr (Departamento Nacional da Criança). Todas essas mudanças foram dirigidas pelo Dr. Olinto de Oliveira, médico participante do congresso de 1922. A partir de sua criação, o DNCr se encarregou, entre outras atividades, de instituir normas para a publicação de livros e artigos para o funcionamento das creches.

Com a implantação do Jardim de Infância no estado do Rio de Janeiro, algumas professoras foram escolhidas para participar de um Curso de Aperfeiçoamento em Educação Infantil.

Já em Teresina, o primeiro jardim de infância foi criado em 1933, com os objetivos de adequar o desenvolvimento artístico das crianças de 4 a 6 anos de idade, e na década de 1940, em Porto Alegre, houve a criação dos jardins de infância inspirados em Froebel, para atendimento de crianças de 4 a 6 anos, em meio período, localizados em parques públicos.

O modelo de Parque Infantil, da década de 1940, ampliou-se para outras localidades do país, como o interior do estado de São Paulo, Distrito Federal, Amazonas, Bahia, Minas Gerais e Pernambuco.

Em 1942, o DNCr desenvolveu uma instituição que reunia vários estabelecimentos em um só: a Casa da Criança, onde em um mesmo prédio seriam incorporados creche, escola maternal, jardim de infância, escola primária, parque infantil, posto de puericultura e, se possível, um abrigo provisório para menores abandonados.

Os médicos do DNCr não se ocupavam apenas dos cuidados com as crianças da creche, mas faziam valer a presença da educação e da saúde em todo o sistema escolar no ministério. Isso só seria dividido em 1953, quando o DNCr passou a integrar o Ministério da Saúde, sendo substituído em 1970 pela Coordenação de Proteção Materno Infantil.

O UNICEF (Fundo das Nações Unidas para a Infância) promoveu, em 1965, a Conferência Latino Americana sobre a Infância e a Juventude no Desenvolvimento Nacional, que desenvolveu a ideia de tornar as exigências básicas para uma instituição educacional mais simples e propagar um modelo de baixo custo, com apoio da ideologia do desenvolvimento da comunidade.

Dois anos depois, o UNICEF influenciou a elaboração de um novo Plano do DNCr, onde o Ministério da Educação passou a se ocupar da educação pré-escolar, tornando-a ponto de destaque no II e III PSEC (Plano Setoriais de Educação e Cultura), que foram desdobrados nos Planos Nacionais de Desenvolvimento nos períodos 1975-79 e 1980-85.

Já no inicio da década de 1980, várias leis foram criadas pelo Ministério da Educação acerca da educação pré-escolar de 0 a 5 anos.

Em maio de 1981, um parecer do Conselho Federal de Educação criou diretrizes para um sistema público de educação pré-escolar, que incluía crianças de 0 a 3 anos. Na década de 1990, surgiram formulações sobre a educação infantil, que destacavam os aspectos de educação e cuidados com crianças de até 3 anos.

No decorrer desse processo, a anexação das creches aos sistemas educacionais nem sempre contou com a compreensão de uma educação assistencialista. Na maioria dos municípios brasileiros, a falta de verbas para a educação infantil estimula divisões por idades; em vez de atender crianças de 0 a 5 anos, abrem-se vagas em creches apenas para crianças de 0 a 3 anos, enquanto as maiores, de 4 e 5 anos devem frequentar a pré-escola.

Se o cuidar faz parte da educação da criança no ensino fundamental, do mesmo modo deve fazer parte na educação infantil, e quanto menor for a criança, mais dimensão esse aspecto deve ganhar.

Ao pensar nos desafios propostos e nos muitos outros que podem contribuir para uma educação que respeite, efetivamente, o desenvolvimento e aprendizado da criança pequena, há de se reconhecer que o espaço em que ela acontece deve ser muito bem caracterizado. O acolhimento e a segurança precisam acontecer em um ambiente que desperte a emoção e desenvolva a sensibilidade, contemplando, assim, a curiosidade e a tranquilidade das crianças das respectivas faixas etárias.

É conveniente ressaltar que a qualidade do ensino tem muitas leituras e pode ser avaliada sob diversos pontos de vista. O importante é que a educação de qualidade da criança da educação infantil possa ser reconhecida não apenas nos documentos oficiais, mas também pela sociedade como um todo.

PARA SABER MAIS! Rousseau: um dos principais filósofos do iluminismo e precursor do romantismo.
Pestalozzi: pedagogo suíço e educador pioneiro da reforma educacional
Fröbel : fundador do primeiro Jardim de Infância
Montessori: conhecida pelo método educativo que desenvolveu e que ainda é usado em escolas públicas e privadas
Declory: Criou a "pedotecnia" dirigida ao estudo das atividades pedagógicas coordenadas ao conhecimento da evolução física e mental das crianças

2. A alfabetização

A controvérsia sobre ensinar ou não as crianças a ler e a escrever ainda na educação infantil tem procedência em diferentes pressuposições a respeito de várias questões. Entre elas:

O que é alfabetização?

Alguns educadores acham que é a conquista do sistema alfabético de escrita, outros acham que é o processo pelo qual a pessoa se torna capaz de ler, compreender o texto e se expressar através da escrita.

Como se aprende a ler e escrever?

Pode ser uma aprendizagem de natureza **perceptual** e **motora**, por estar baseado no reconhecimento e na cópia de letras, sílabas e palavras. Ou de natureza conceitual, no planejamento propositado de práticas sociais mediadas pela escrita, para que as crianças participem delas e recebam informações contextualizadas.

O que é a escrita?

Há quem julgue que a escrita é um simples código de transcrição da fala e os que acreditam que seja um sistema de

representação da linguagem, um objeto social difícil, com diferentes funções e utilidades.

Em razão dessas diversas suposições, alguns educadores temem a precocidade de práticas pedagógicas tradicionais (exercícios de prontidão, cópia e memorização) do ensino fundamental antes dos seis anos, criando prejuízos para a **ludicidade**, como se a escrita adentrasse uma porta e as atividades com outras linguagens (música, brincadeira, desenho etc.) afastassem-se por outra.

No entanto, há quem dê um maior valor à presença da cultura escrita na educação infantil, entendendo que, para o processo de alfabetização, torna-se importante a criança ter familiaridade com o mundo textual.

Na educação infantil, as crianças recebem elementos sobre a escrita ao brincar com a sonoridade das palavras, reconhecerem afinidades e diferenciais entre os termos, manusearem todo tipo de material escrito, como revistas, gibis, livros etc., e o professor lê para a turma e serve de escriba na produção textual coletiva.

Alguns alunos estão mergulhados nesse argumento, coexistindo com adultos alfabetizados e livros em casa, aprendendo as letras no teclado do computador. Nesses casos, passam a fazer parte de um mundo letrado, de um ambiente de alfabetização. No entanto, há os que vivem na zona rural, onde a escrita nem sempre é tão presente, e ainda os que, mesmo residindo em centros urbanos, não têm contato com pessoas alfabetizadas e com usos da leitura e da escrita socialmente.

A educação infantil é uma etapa essencial para o desenvolvimento escolar das crianças. Ao tornar democrático o acesso à cultura escrita, contribui para tornar mínimas as diferenças socioculturais. Para que os alunos aprendam a ler e a escrever, é necessário que compartilhem momentos de leitura e escrita desde o início da escolarização.

Quando a educação infantil cumpre seu papel, envolvendo suas crianças em atividades que as façam pensar e compreender a escrita, as mesmas estarão naturalmente alfabetizadas ao final dessa etapa.

Compreende-se por alfabetização o processo por meio do qual se contrai o domínio de um sistema linguístico e da capacidade de aproveitá-lo para ler e escrever, ou seja, o domínio de instrumentos de leitura e escrita e o conjunto de métodos necessários para praticar a arte e a ciência desses instrumentos.

Enquanto a alfabetização se ocupa da obtenção da escrita, o letramento absorve a função social de ler, pois, hoje em dia, tão importante quanto conhecer o funcionamento do sistema de escrita é poder fazer parte de práticas sociais letradas.

A expressão letramento apareceu ao lado da alfabetização por ser considerada o comando automático da leitura e da escrita, escasso na sociedade atual. Passou a ser objetivo das escolas colocarem os alunos nas práticas sociais de leitura e escrita, visto que a capacidade de codificar e decodificar a escrita não é, muitas vezes, satisfatória.

Para tanto, passou a ser necessário apresentar mais para os alunos do que simplesmente ensinar as letras e suas relações com as frases, as palavras e os sons. Faz-se necessário trabalhar textos reais, estimulando a leitura e a escrita dos diversos gêneros textuais para que aprendam a caracterizá-los e a compreender a funcionalidade de cada um dos textos e as diversas finalidades da leitura e da escrita.

Dessa forma, entendemos que alfabetizar e letrar são duas tarefas a serem desenvolvidas simultaneamente nas classes de alfabetização. Se no discurso teórico-pedagógico já se ultrapassou a dúvida sobre alfabetizar ou não na educação infantil, ainda é necessário que se questione as práticas diárias de alfabetização utilizadas com crianças na pré-escola, abrangendo sua relação com as outras linguagens.

A respeito das práticas pedagógicas, compreende-se que as transformações acontecem de maneira vagarosa. Por vezes, pela falta de uma teoria capaz de nortear a concepção do processo educativo, acabam-se refletindo naturalmente as práticas tradicionais, restringindo o fazer e o pensar pedagógicos do professor a um entendimento superficial do desenvolvimento humano.

O fenômeno da alfabetização sempre se encontrou relacionado à ansiedade de significados de metodologias, o que adequou uma acentuada unificação das aprendizagens, recusando as singularidades e as desigualdades das crianças e desconsiderando o fim social da escrita e da leitura.

Pode-se dizer, portanto, que as práticas dos professores alfabetizadores eram reforçadas por percepções advindas de diversificados métodos. A partir da década de 1980, no entanto, o professor passou a contar com um grande número de pesquisas e extensos debates sobre a alfabetização.

Muitas das análises apontam que, além da definição de um método, é importante compreendermos como a criança constrói seus conceitos sobre a língua escrita. A maior importância atribuída aos processos de aprendizagem das crianças abre caminho para questionarmos as concepções de alfabetização dos professores, que são determinantes para seu pensar e fazer pedagógicos.

Na educação infantil, as práticas pedagógicas precisam vincular o processo de alfabetização das crianças ao mundo real, construindo uma compreensão de ensinar a ler e a escrever na própria conjunção das práticas sociais da leitura e da escrita, colocando as crianças dentro de um argumento amplo, rico, criativo e cheio de múltiplas linguagens, pelas quais automaticamente serão levadas à linguagem escrita.

Isso leva à afirmação de que fazer um desenho, um gesto, uma pintura, uma gravura, um movimento, uma dança, uma escultura, uma maquete, brincar de faz de conta, entender rótulos, decifrar códigos, ouvir histórias, elaborar listas, discutir impressões de notícias de jornal, elaborar cartas, trabalhar com receitas, realizar visitas a bancos, museus e supermercados, conviver e interatuar com gibis, livros, poesias, parlendas, ouvir música, enfim, interar-se com as mais diversificadas linguagens é totalmente eficaz e antecipa formas elevadas de linguagem escrita.

O desenvolvimento das atividades elencadas anteriormente conscientizará as crianças do quão importante é o funcionamento da escrita em nossa sociedade, desenvolvendo as capacidades necessárias para a sua assimilação.

Isso deverá motivá-las a almejar conhecer mais, aprender a ler e escrever com prazer e satisfação. Enquanto a prática de ensinar torna-se complexa, ativa-se o papel da escola.

Salienta-se a importância das crianças terem convivência com a leitura e a escrita diariamente, pois será dessa forma que a prática pedagógica do professor retornará para a função social da escrita e da leitura. Pode-se assegurar que, antes de se ensinar a ler e escrever, é preciso ampliar na criança essa necessidade.

Além disso, interligar as experiências culturais das crianças aos processos de alfabetização provavelmente terá um impacto positivo no rompimento do temor da alfabetização, a qual historicamente acompanha a vida das crianças e as práticas dos professores.

Nesse sentido, o processo de alfabetização deve começar antecipadamente ao primeiro momento em que o professor coloca um lápis na mão da criança e mostra-

lhe como formar letras. No contexto da Educação Infantil, isso vem a provocar um efeito positivo nos processos de alfabetização, pois a aquisição do código escrito passa a ser compreendida como atividade de expressão e comunicação.

É preciso pensar a alfabetização como muito mais que uma gama interminável de defeitos e explanações que destacam a técnica em prejuízo de sua função social e cultural.

3. A avaliação

De acordo com a LDBEN/96, a avaliação das crianças da educação infantil não deve ser classificatória nem pode dar margem à exclusão, mas deve ser feita por intermédio de acompanhamento contínuo das atividades desenvolvidas.

A avaliação deve ter como parâmetro as observações e registros, não centrar em aspectos individuais e sim em produções coletivas que o façam pensar sobre os processos de construção da aprendizagem das crianças e também sobre como repensar o seu planejamento e as ações que são realizadas pela escola em colaboração com pais e comunidade.

A avaliação do processo de ensino e aprendizagem tem sido um grande desafio, sendo amplamente discutida nas unidades de ensino que atendem a Educação Infantil. Nos últimos anos, busca-se constantemente redefinir o papel da avaliação e sua função social. A LDB/96, quando se refere à Educação Infantil, artigo 31, recomenda que:

> "(...) a avaliação far-se-á mediante o acompanhamento e registro do seu desenvolvimento, sem o objetivo de promoção, mesmo para o acesso ao ensino fundamental."

Em relação a isso, o Parecer do CNE/CEB n. 20/2009 reforça que:

> "A avaliação, conforme estabelecido na Lei n. 9.394/96, deve ter a finalidade de acompanhar e repensar o trabalho realizado. (...) Todos os esforços devem convergir para a estruturação de condições que melhor contribuam para a aprendizagem e desenvolvimento da criança sem desligá-las de seus grupos de amizade." (BRASIL, 2009)

Uma leitura profunda das DCNEIs aponta importantes aspectos a serem analisados na reflexão acerca da avaliação. A observação crítica e criativa das atividades, bem como das brincadeiras e interações das crianças no cotidiano, nos coloca frente ao desafio da contínua formação dos professores e gestores. Tal perspectiva possibilita afinar o olhar para a interação da criança com seu meio social e seu processo de construção cultural.

Para apoiar o professor no processo avaliativo, há que se organizar a utilização de múltiplos registros realizados por adultos e crianças (relatórios, fotografias, desenhos, álbuns etc.). É comum os registros de avaliação serem reduzidos àquele relatório descritivo de cada criança.

O registro desse percurso permite documentar as metodologias vividas para todos os atores envolvidos no processo (crianças, professores, pais e gestores), possibilitando a participação mais ampla de todos na construção do projeto pedagógico da instituição.

Vale ressaltar que a avaliação, quando contextualizada aos processos educativos planejados e desenvolvidos em uma unidade de educação infantil, pode funcionar como recurso de formação da equipe e de criação do projeto pedagógico das unidades.

Em vez de um registro estático, a avaliação alimenta a reflexão acerca do planejamento e das práticas pedagógicas desenvolvidas, esclarecendo e qualificando o processo de construção do currículo da Educação Infantil que acontece no cotidiano de creches e pré-escolas. Assim, ela se constitui em instrumento de trabalho do professor e da equipe.

Assim, o professor deve ter claro que a avaliação faz parte do processo de aprendizagem, sendo essencial que se conheça cada criança. Assim, ele poderá construir e reconstruir caminhos para que todos alcancem os objetivos educacionais.

A avaliação não pode ser baseada em julgamentos, pois seria uma forma de classificar e "condenar" os educandos, não levando em conta os acontecimentos que acompanham todo o cotidiano educacional em questão.

Portanto, ao avaliar, os princípios de avaliação devem estar claros, partindo de uma concepção de pedagogia histórico crítica, visando a compreensão da realidade, dando prioridade à educação como instrumento de transformação e de formação para a cidadania. A prática de avaliação deve ser, neste sentido, diagnóstica, independente e implicar uma tomada de decisão no âmbito pedagógico.

Gasparin (2003) esclarece que a avaliação segue todo o processo didático pedagógico para a construção do conhecimento científico, desde o levantamento dos saberes prévios dos educandos até o momento da prática social final, em que os educandos desenvolvem uma nova maneira de compreender a realidade e se disporem dela.

Para tanto, após a fase de disposição dos instrumentos teóricos e práticos para a compreensão e solução, os procedimentos empregados devem ser avaliados, a fim de demonstrar se realmente criaram uma nova postura mental nos educandos (catarse), para que se possa viabilizar a transformação da prática social.

As DCNEIs colocam em seu artigo 10:

> "As instituições de Educação Infantil devem criar procedimentos para acompanhamento do trabalho pedagógico e para avaliação do desenvolvimento das crianças, sem objetivo de seleção, promoção ou classificação, garantindo: I – a observação crítica e criativa das atividades, das brincadeiras e interações das crianças no cotidiano; II – utilização de múltiplos registros realizados por adultos e crianças (relatórios, fotografias, desenhos, álbuns etc.); III – a continuidade dos processos de aprendizagens por meio da criação de estratégias adequadas aos diferentes momentos de transição vividos pela criança (transição casa/instituição de Educação Infantil, transições no interior da instituição, transição creche/pré-escola e transição pré-escola/Ensino Fundamental); IV – documentação específica que permita às famílias conhecer o trabalho da instituição junto às crianças e os processos de desenvolvimento e aprendizagem da criança na Educação Infantil; V – a não retenção das crianças na Educação Infantil." (BRASIL, Resolução n. 5, CNE/CEB, 2009)

Seguindo a direção da LDB, as DCNEIs definem como tarefa das instituições de Educação Infantil a construção de procedimentos para o acompanhamento do trabalho pedagógico e para avaliação do desenvolvimento das crianças. Com base nisso, ao se trabalhar com as Propostas Curriculares na educação infantil, o professor avaliará todos os passos, desde o levantamento de questões para elaborar a problemática, até o momento da culminância do projeto, tendo sempre um olhar crítico para as propostas desenvolvidas.

Nessa expectativa, a avaliação deve visar o desenvolvimento integral e a construção da autonomia, consciência crítica, capacidade de ação e reação da criança, sendo um meio pelo qual o professor poderá considerar a prática pedagógica, para estimar o que foi aprendido.

A avaliação se estabelece em um conjunto de ações que permitem determinar critérios para esquematizar atividades e indicar situações que proporcionem aprendizagem. Assim, é função da equipe pedagógica acompanhar, orientar, regular e direcionar o processo educativo, pensando, inclusive, na passagem do educando da Educação Infantil para o Ensino Fundamental.

É indispensável que o registro das avaliações feito pelo professor e deferido pelo coordenador e direção (se for o caso), o acompanhe em todo o seu processo educativo, não apenas ao longo do ano letivo, mas, também ao mudar de turma ou de unidade de ensino.

Deve-se atentar sempre às cinco formas de avaliação:

1. Diagnóstica: tem a função de diagnóstico, caracterizada pela realização de uma investigação do que as crianças sabem, quais são as dificuldades enfrentadas e por que, sendo um instrumento para captação do processo de aprendizagem e grau de desenvolvimento do aluno. Ela exige reflexão constante e crítica participativa, na qual o professor precisa desenvolver um vínculo afetivo com a criança, aceitando-a em sua individualidade, identificando suas potencialidades e desafios a serem superados.

2. Contínua: orienta todas as ações, pois acontece no processo educativo, por meio do acompanhamento da aprendizagem, identificando as conquistas, desafios, dificuldades e o desenvolvimento real da criança, oferecendo-lhe novas oportunidades de aprendizagem, por intermédio e interferência do professor, que deverá assumir o compromisso de elaborar novas estratégias pedagógicas que contribuam para o sucesso do educando.

3. Formativa: Aponta a formação integral, construção de valores e princípios de autonomia, colaborando na formação de um sujeito consciente, responsável e solidário. Nessa forma de avaliação, a grande apreensão seria formar melhor, ao invés de medir ou julgar. É de extrema importância que o professor, ao realizar o seu planejamento, considere o seu grupo e suas crianças, considerando o desenvolvimento cognitivo e afetivo da faixa etária, além de considerar características culturais e individuais que as crianças socializam no espaço coletivo.

4. Cumulativa: Conjunto de avaliações realizadas no decorrer do trimestre, de forma contínua e progressiva, com várias ferramentas e procedimentos, em contínuos momentos de aprendizagem e de recuperação da aprendizagem, retomando constantemente as habilidades essenciais no desenvolvimento da criança de acordo com a faixa etária, ampliando a capacidade de pensamento, linguagem e análise da realidade.

5. Diversificada: Parte da análise dos vários instrumentos usados para avaliar as diferentes situações de aprendizagem. Avalia-se também o desenvolvimento do educando nas dimensões cognitiva, afetiva, psicomotora e organizacional, por meio de observações e registros realizados por escrito, bem como gravações de vídeo, áudio e fotografias, que servirão como instrumento de apoio e avaliação da prática educativa. Assim, o professor pode contextualizar os processos de aprendizagem, intercâmbios com outras crianças, funcionários, espaço escolar e o processo de desenvolvimento do próprio educando.

Glossário – Unidade 4

Projeto educativo – conjunto de ações ideológicas, políticas, antropológicas e pedagógicas que demonstram que a escola tem um trabalho articulado, coletivo e democrático.

Assistencialismo – ato de prestar assistência a alguém, geralmente considerado menos favorecido.

Perceptual – refere-se ao que é percebido de imediato, à experiência sensorial.

Motor – relacionado ao comando de movimentos do corpo.

Ludicidade – forma de desenvolver a criatividade e os conhecimentos por meio de jogos, música e dança.

Referências

BRASIL. *Constituição da República Federativa do Brasil de 1988*. Brasília, 1998. Disponível em: <http://www.planalto.gov.br/ccivil_03/constituicao/constituicaocompilado.htm>. Acesso em: 23 abr. 2015.

BRASIL. *Diretrizes Curriculares Nacionais para a Formação de Professores da Educação Básica*, em nível superior, curso de licenciatura, de graduação plena. Ministério de Educação e do Desporto. Conselho Nacional de Educação. Brasília, DF: MEC/CNE, 2001.

BRASIL. *Emenda Constitucional n. 53/2006 de 19 de dezembro de 2006*. Dá nova redação aos arts. 7°, 23, 30, 206, 208, 211 e 212 da Constituição Federal e ao art. 60 do ato das disposições constitucionais transitórias. Brasília, 2006. Disponível em: <http://legislacao.planalto.gov.br/legisla/legislacao>. Acesso em: 24 abr. 2015.

BRASIL. *Lei n. 9.394, de 20 de dezembro de 1996*. Lei de Diretrizes e Bases da Educação Nacional. Ministério da Educação. Brasília, 1996. Disponível em: <http://www.planalto.gov.br/ccivil_03/leis/l9394.htm>. Acesso em: 14 abr. 2015.

BRASIL. *Lei n. 8.069, de 13 de julho de 1990*. Dispõe sobre o Estatuto da Criança e do Adolescente e dá outras providências. Brasília, 1990. Disponível em: <http://www.planalto.gov.br/ccivil_03/leis/l8069.htm >. Acesso em: 22 abr. 2015.

BRASIL. *Lei n. 13.005, de 25 de junho de 2014*. Aprova o Plano Nacional de Educação (PNE) e dá outras providências. Brasília, 2014. Disponível em: <http://www.planalto.gov.br/ccivil_03/_Ato2011-2014/2014/Lei/L13005.html>. Acesso em: 22 abr. 2015.

BRASIL. *Parecer CNE/CEB n. 20, de 11 de dezembro de 2009*. Revisa as Diretrizes Curriculares Nacionais para a Educação Infantil. Ministério da Educação. Brasília, 2009. Disponível em: <http://portal.mec.gov.br/index.php>. Acesso em: 24 abr. 2015.

BRASIL. *Referencial Curricular Nacional para a Educação Infantil*. Ministério da Educação. Secretaria de Educação Fundamental. Brasília: MEC/SEF, 1998.

BRASIL. *Resolução CNE/CEB n° 5, de 17 de dezembro de 2009*. Fixa as Diretrizes Curriculares Nacionais para a Educação Infantil. Ministério da Educação. Brasília, 2009. Disponível em: http://portal.mec.gov.br/index.php>. Acesso em: 24 abr. 2015

BRUNER, J. *Atos de significação*. Porto Alegre: Artes Médicas, 1997.

CHAUÍ, Marilena. *A universidade pública sob nova perspectiva*. 26ª Reunião Anual da ANPED. Poços de Caldas, 5 de outubro de 2003.

CONTRERAS, J. *A Autonomia do professorado*. São Paulo: Cortez, 2002.

COTIDIANO DA EDUCAÇÃO INFANTIL/*Salto para o Futuro*. Disponível em: <http://pt.slideshare.net/negamanfroi/importncia-da-parceria-famlia-artgo-blog-2>. Acesso em: 22 abr. 2015.

DIDONET, V. *Creche: a que veio, para onde vai*. In: Educação Infantil: a creche, um bom começo. Em Aberto/Instituto Nacional de Estudos e Pesquisas Educacionais. v 18, n. 73. Brasília, 2001. Disponível em: <http://www.rbep.inep.gov.br/index.php/emaberto/article/viewFile/1107/1007>. Acesso em: 28 abr. 2015.

FIORENTINI, D.; SOUZA e MELO, G. F. Saberes docentes: um desafio para acadêmicos e práticos. In: GERALDI, C. (Org). *Cartografias do 42 Educação & Sociedade*, ano XXII, n. 74, abr./2001.

FOUCAULT, Michel. *O sujeito e o poder*. Rio de Janeiro: Forense Universitária, 1995.

FREIRE, P. *Educação e atualidade brasileira*. Recife: Universidade do Recife, Mimeo, 1959.

FREIRE, P. *A educação na cidade*. São Paulo: Cortez, 1995.

FREIRE, P. *Pedagogia da autonomia: saberes necessários à prática educativa*. 16. ed. São Paulo: Paz e Terra, 2000.

GERALDI, C. M. G. et al. (Org.). *Cartografia do trabalho docente*. Campinas: Mercado das Letras, 1998.

KRAMER, S. A infância e sua singularidade. In: *Ensino fundamental de nove anos: orientações para a inclusão da criança de 6 anos de idade*. Brasília: Ministério da Educação, 2006.

MELLO, G.N. *Formação inicial de professores para a educação básica: uma (re) visão radical*. Documento principal; versão preliminar para discussão interna, out./nov. 1999. p. 21.

NOVAS Diretrizes para a Educação Infantil. TV Escola/ Salto Para O Futuro – Ano XXIII - Boletim 9 - SEB/MEC. Junho 2013. Disponível em: <http://cdnbi.tvescola.org.br/resources/VMSResources/contents/document/publicationsSeries/09183509_NovasDiretrizesEducacaoInfantil.pdf>. Acesso em: 28 abr. 2015.

OLIVEIRA, Z. M. R. *O Currículo na Educação Infantil: O que propõem as Novas Diretrizes Nacionais?* Agosto/2010. Disponível em: <http://www.ferroviadaintegracao.com.br/sistemas/pagina/setores/educacao/freiavi/arquivos/2014/O_Curriculo_na_Educacao_Infantil.pdf >. Acesso em: 13 abr. 2015.

OLIVEIRA, Z. M. R. A Universidade na formação dos profissionais de educação infantil. In: *Por uma política de formação do profissional de educação Infantil*. Brasília: MEC/SEF/DPE/CODI, 1994

PAIVA, E. V. A formação do professor crítico-reflexivo. In: PAIVA, E. V. (Org.) *Pesquisando a formação de professores*. Rio de Janeiro: DP&A, 2003.

PENIN, S. *Cotidiano e Escola: a obra em construção*. 2. ed. São Paulo: Cortez, 1995.

Revista Presença Pedagógica, maio/jun.2002. Disponível em: <http://blogdanilletras.blogspot.com.br/search/label/conhecimento%20X%20aprendizagem>. Acesso em: 22 abr. 2015.

SACRISTAN, J.C. *O Currículo: uma reflexão sobre a prática*. Porto Alegre: Artmed, 2000.

SILVA, R. R. da; TUNES, E.; MÓL, G. de S.; SANTOS, W. L. P. dos; GAUCHE, R. Integração da universidade com a escola fundamental e média e a educação continuada de professores. *Participação, Revista do Decanato de Extensão da Universidade de Brasília*, n. 2, p. 53-58, dez/1997.

ZABALZA, M. A . *Qualidade em educação infantil*. Trad. Beatriz Affonso Neves. Porto Alegre: Artmed, 1998.

Sites consultados:

<http://www.editoradobrasil.com.br/educacaoinfantil/letramento_e_alfabetizacao/educacao_infantil.aspx>. Acesso em: 28 abr. 2015.

<http://revistaescola.abril.com.br/lingua-portuguesa/alfabetizacao-inicial/alfabetizar-educacao-infantil-pode-424823.shtml>. Acesso em: 28 abr. 2015.

<http://www.pucpr.br/eventos/educere/educere2009/anais/pdf/2775_1124.pdf>. Acesso em: 28 abr. 2015.

<http://educacaointegral.org.br/glossario/gestao-democratica/>. Acesso em: 28 abr. 2015.

<http://odomdeensinar.blogspot.com.br/2008/06/caractersticas-do-rcnei.html>. Acesso em 01 abr.2015.

<http://www.ferroviadaintegracao.com.br/sistemas/pagina/setores/educacao/freiavi/arquivos/2014/O_Curriculo_na_Educacao_Infantil.pdf>. Acesso em: 13 abr. 2015.

<http://www.shutterstock.com/> Acesso em: 12, 13 e 14 abr. 2015.

<http://portalsme.prefeitura.sp.gov.br/> Acesso em: 14 abr. 2015.

Tania Maria de Almeida Buchwitz

Graduada em Pedagogia pela Faculdades Integradas Senador Fláquer, tem pós-graduação na Linha de Políticas Públicas, em Violência Doméstica contra Crianças e Adolescentes pela Universidade de São Paulo (USP-SP) E especialização em Psicopedagogia pela Universidade Metodista de São Paulo (UMES). É diretora de escola estadual (Secretaria de Educação do Estado de São Paulo) e tem experiência na área de Educação, com ênfase em gestão, supervisão, administração escolar, conselho escolar, políticas públicas e rituais escolares.